Ulf Erdmann Ziegler
Wilde Wiesen

Lindenthal

Wir ließen also unsere flache Stadt hinter uns, alle fünf im Ford Taunus, der in Köln gebaut worden war, und da fuhren wir hin. Über die Bundesstraße von Norden her kommend nach Hamburg hinein, auf die Spitze des Chilehauses zufahrend, später in großem Bogen über die Elbe und dann auf der Autobahn vorbei an Bremen, wo wir den Roland und sein Rathaus kannten, erreichten wir am Abend das Wahrzeichen Kölns, die riesenradgroße Leuchtschrift, die sich horizontal und vertikal BAYER las, nun konnte nichts mehr schiefgehen. Auf dem Kölner Ring allerdings, und das war über die Jahre immer dasselbe, verpasste mein Vater die Ausfahrt, und wir waren, gegen unseren Willen, unterwegs nach Frechen, das uns mit dem höhnischen Grinsen seines Namens erwartete. Dort wendeten wir und fuhren nach Köln zurück.

Wahrscheinlich werde ich nicht viele Kölner finden, die den belebten Abschnitt der Bachemer Straße zwischen der noch viel größeren Universitätsstraße und der Stelle, wo sie enger ins zentrale Lindenthal abtaucht, für einen idealen Ort zum Wohnen halten, ein graues Mietshaus im Hochparterre. Für mich und meine Geschwister aber war es der einzig mögliche Ort, denn dort wohnten die Großeltern, und das Treppenhaus roch süßlich, und hinter der Wohnungstür hing eine dreitonige ungestimmte Glocke, die geläutet wurde, wenn wir kamen. Der Front der Wohnblocks gegenüber lag ein Park, der im Sommer das mächtige Gebäude des Krankenhauses

Hildegardis verbarg. Von dort kamen die Wagen mit Blaulicht und Martinshorn. Sie schlängelten sich vor dem Wohnzimmerfenster an den Fahrzeugen vorbei, die von der Ampel an der Universitätsstraße zurückstauten, so dass mein Bruder und ich die Krankenwagen in ihrer ganzen Pracht bewundern konnten, ohne Verständnis für meine Großmutter, die sagte, dass sie die Sirenen gar nicht mehr höre. Wir hörten sie jedes Mal und lagen staunend im Fenster; wir waren in Köln.

Die Stadt war auch sonst für den Autoverkehr mehr als geeignet. Der Käfer, der Variant, der Admiral, der 190er, aber auch die Lastwagen mit Aufschriften wie Spedition Hamacher und Interfrigo, sie alle waren unterwegs auf großen und kleinen Straßen und wurden bei Bedarf in diagonale Parkplätze rangiert. Auf diese Weise besetzten mein Bruder und ich das gesamte Wohnzimmer mit seinen mehr oder minder echten Perserteppichen, nicht unbedingt zum Behagen der dritten regulären Bewohnerin, der Urgroßmutter, die in einem Schaukelstuhl saß und in den Zeitschriften Artikel ankreuzte, die sie gelesen hatte, um sie nicht noch einmal zu lesen.

So war es immer gewesen. Ich wunderte mich nicht darüber, dass sie zu dritt in einer Wohnung mit drei Zimmern hausten, die komplett mit Möbelstücken aus Vorkriegszeiten bestückt war, teils in dunklem Furnier und teils in gestrichenem Holz. Ein komplettes System von Schlafzimmerschränken und Kommoden, grau mit aprikosenfarbenen Knöpfen, sogar die Nachttische, auf denen Art-deco-Lämpchen mit riesigen weißen Kugelleuchten saßen, symmetrisch: Das Schlafzimmer lag, so wie das Wohnzimmer, zur aufregenden Bachemer Straße hin, während Küche und Bad über das Dach einer Garagenanlage in einen halboffenen Hinterhof blickten. Das eigentümlichste Zimmer hatte seine Tür am Ende des Wohnungsflurs und verlief fensterlos parallel zu einer Seiten- und Einbahnstraße, die uns Kinder lehrte, den Namen Nietzsche auszusprechen. Das Fenster blickte dann, neben dem der Küche, über die Garagenzufahrten hinweg ein Stück in die Flucht der Seitenstraße. Die Häuser der Nietzschestraße hatten Vorgärten, wenn auch ganz schmale. Dieses letzte Zimmer, länglich und düster, bewohnte die Urgroßmutter, die im November 1967 dort starb, in einem Bett mit einer phantastisch durchgelegenen Matratze, abgebildet im Spiegel eines Schranks, der uns kindlichen Besuchern wenig, den jugendlichen später aber eine Menge bedeutete.

Gemessen an den Umständen nach den Fliegerangriffen war die Belegung der Wohnung durch acht Personen für zwei Nächte wohl harmlos: die drei Bewohner und wir, die Familie aus Holstein. Der Ford Taunus fuhr dann weiter nach Schwaben, es blieb nur meine Schwester zurück. Ein anderes Mal waren es der Bruder und ich. Wer auch immer in Köln auf dem Rückweg abgeholt wurde, war glücklich, glücklich im Sinne einer aufgeräumten Seligkeit.

Der erste Block der Bachemer Straße war, von der Innenstadt getrennt durch den Universitätsring, den Grüngürtel und die Bahnüberführung, eine Bastion der Vorstadt, und um einzukaufen, musste man die laute Straße stadtauswärts gehen bis zur Bushaltestelle, wo der 39er und der 45er fuhren, und weiter bis ins alte Lindenthal hinein, das dort begann, wo die Mietskasernen endeten. Manche der Häuser verrieten etwas von der stolzen Bürgerstadt, die Köln einst gewesen war, manche waren notdürftig und schmucklos wiederaufgebaut, die leeren Grundstücke aufgefüllt mit glotzenden Kisten, und das

Ganze durchsetzt von jüngeren, aufwendig gemauerten Häuschen, in denen Studenten oder Kirchenleute wohnten. Selbst als Kind wunderte ich mich über die eingezwängten Schönheiten; über die Fassadenfluchten, die wirkten wie Gebisse, durch die der Wind pfeift. Die Luft war silbergrau. Es war besser als zu Haus.

In Köln mussten wir keine Vokabeln lernen und nicht unsere Instrumente üben. In Köln waren wir frei selbst dann, wenn andere Kinder in die Schule mussten. Wir sahen sie in den Bussen auf der Bachemer Straße vorbeifahren, in die eine und in die andere Richtung. Wir waren wie die dänischen Kinder in dem Legobuch, die es drinnen gemütlich haben, während der Regen sich wie ein Vorhang auf der Fensterscheibe sammelt.

Meine Großmama Sophie war eine christliche Frau mit zarter Haut, mein Großpapa Walter ein gutgelaunter Hallodri, immer ein Liedchen auf den Lippen, ein Bass. Er verkaufte in einem kleinen innenstädtischen Laden mit großem Fenster gebrauchte Automobile für einen unsichtbaren Chef, der ihm ein Auto zum eigenen Gebrauch überließ: den flach wie eine Muschel geschnittenen DKW mit seinem schnatternden Zweitaktmotor oder den wie aus Karton geschnittenen Simca 1000. Im Geschäft selbst standen nicht mehr als drei Autos, ohne Rost und Dreck, und ich beschloss, wenn ich erwachsen wäre, mir einen Simca 1100 zu kaufen, der mir gefiel wegen seines wie eine moderne Handtasche abstehenden Hecks und noch mehr, weil ich mit neun Jahren die Pedale schon erreichen konnte. Uns Kinder behandelte Großpapa wie Kunden, höflich und sachkundig, ein Spiel, das er auch später nicht aufgab, als er, der es mit den Renteneinzahlungen nie genau genommen hatte, mit siebzig Jahren bei Horten Kühlschränke verkaufte.

Das Auto brauchte mein Großpapa für seine Ausflüge, die ihn wegbrachten aus der Wohngemeinschaft mit seiner Frau und deren Mutter. Der erste Stop war hundert Meter weiter, dort, wo die Hans-Sachs- und die Immermannstraße zusammenkommen. Der spitze Winkel war baulich gekappt durch ein Gebäude, in dem Butzenscheiben leuchteten. Dahinter verbarg sich ein kleiner Saal mit hölzerner Möblierung, in dessen Mitte ein Tresen; am frühen Abend nur bevölkert von den Wirtsleuten selbst und zwei oder drei Männern, manchmal auch Frauen, die alle meinen Großvater wie einen Freund begrüßten.

Er bestellte »einen Wacholder zum Aufwärmen, ein Kölsch und für den Kleinen ne Zitsch, aber nicht vom Eis«. War keine andere Limonade als die aus dem Kühlfach zu haben, musste ich sie, gegen meinen Willen, mit beiden Händen aufwärmen, um mir nicht den Magen zu verderben. Für das Kölsch gab es das Problem nicht, denn der Magen war ja durch den Schnaps schon aufgewärmt.

Die Befähigung des Großpapas, in Kinderseelen hineinzublicken, war bei aller offensichtlichen Zuneigung gewiss begrenzt, was sich allein daran zeigte, dass er mein blondes Haar gern in der Mitte meiner Stirn zu einer Spitze zusammenkämmte. Dann sah ich, wie er meinte, aus wie Uwe Seeler. Damals gab es weder in Holstein noch in Köln einen Fernseher – jedenfalls in unseren Wohnungen nicht –, weshalb ich Nachrichten vom Fußballfeld nur über das Radio bekam, das mein Großvater Walter im Auto hörte, während er sich von einer Schänke zur anderen bewegte. Ich bewunderte die Unablässigkeit und den gewagten Rhythmus des Berichts, aber ich konnte mir nicht im geringsten vorstellen, was vor sich ging, abgesehen von einem Tor. Großpapa war ein nicht zu erschütternder Anhänger des 1. FC Köln, nicht zu verwechseln, bitte schön, mit Fortuna Köln, dem damals anderen kölschen Club in der Bundesliga. Natürlich habe ich ihn gefragt, warum der eine Club und nicht der andere. Aber er neigte nicht zu feinsinnigen Erläuterungen.

Er zeigte mir Köln. Er fuhr mit mir durch halbbeleuchtete Straßen, durch das Gelb von Autotunneln, unter der Bahn durch und wieder zurück. An einer Hauswand war ein begeisterter Mann zu sehen, mit einem Glas in der Hand, und daneben stand in goldener Schrift: »Bitte ein Bit!« Walters Weg war so ausgelegt, dass er drei Stationen umfasste, von der ersten zur zweiten und zur dritten Kneipe, wobei er selten den gleichen Weg fuhr und mir immer neue Kneipen zeigte, in denen er wie an der Ecke zur Hans-Sachs-Straße als alter Bekannter begrüßt wurde. Die Bestellung war jedes Mal dieselbe, mit einem oder zwei Kölsch zusätzlich. Das Wort »Kneipe« allerdings war nicht erlaubt; man »besuchte ein Lokal«.

Der seltsame Singsang mit den langgezogenen Diphtongen gefiel mir gut. Schwierigkeiten hatte ich nur, einen bestimmten Typ rheinischer Gattin zu entschlüsseln, Gesichter, die fester gezeichnet waren als die Gesichter, die ich kannte, und die Frisuren dazu waren extravagant und streng. Man traf sie auf den Wegen vom Auto zum Lokal, die mein Großvater wohl weit auslegte, um an die frische Luft zu kommen. So habe ich noch einen Hauch jener Zeit gespürt, in der man »der Tante guten Tag sagen« musste. Die Tanten auf der Straße waren freundlich, aber reservierter als die Tanten hinter dem Tresen, die mit mir Konversation machten und mir manchmal eines von den köstlichen Schokolädchen schenkten, die in verspiegelten Schränkchen hinterm Tresen wie Trophäen aufgestellt waren. Sie mussten mich ablenken, während mein Großpapa sich mit dem Spielautomaten beschäftigte.

Die Spielautomaten waren illuminierte Kästen, in denen sich drei Räder drehten, die die Zahlen und Symbole eines Kartenspiels zeigten, wenn sie zum Stillstand kamen. Den erzeugte man durch das Drücken einer rot leuchtenden Taste darunter. Der Gewinner wurde durch einen Sturz von Münzen in eine metallene Schale belohnt, die das Gerät nach unten wie ein Futtertrog abschloss.

Während mein Großvater spielte, durfte ich nicht zusehen, und wenn er nicht gewann, sagte er: »Du hast geguckt.« Das stimmte auf jeden Fall, auch dann, wenn er gewann, aber dann sagte er es nicht. Er zeigte mir nie, wie der Spielautomat funktionierte, das war nichts für Kinder, aber er verriet mir, ganz allein mir im Auto, warum er mit so großer Zuverlässigkeit gewann. Er spielte erst, wenn mehr als einer vor ihm am selben Automaten viele Spiele verloren hatte. Wenn der Automat voll ist mit Geld, dann spuckt er auch welches aus. Das war seine Theorie.

Bei der Rückkehr in die Bachemer Straße läutete er die dreitonige Glocke Sturm und entleerte den beträchtlichen Schatz von Münzen in einen Behälter, der meiner Großmutter gehörte, womit sein Spielgewinn also ein Geschenk an sie war. Vielleicht war er sonst kein großes Talent, wenn es darum ging, Geld heranzuschaffen. Aber den Spielgewinn, ohne den Einsatz abzuziehen, brachte er nach Haus wie ein Tagelöhner.

Seine andere Leidenschaft, neben der kölschen Rundfahrt am Abend, war das Schwimmen. Also fuhren wir regelmäßig zum Agrippabad. Es war nicht gerade ein Bad aus römischer Zeit, aber sein Name ließ die Verbindung anklingen. Es gab dort eine lange Bank, die den

Schuh- vom Fußbereich trennte. Man löste die Schuhe auf der einen Seite, streifte sie ab, drehte sich sitzend auf die andere Seite und trug sie dann zum Spind.

Mein Großpapa benutzte immer die Kabine, um sich umzuziehen, und entließ mich, bis zum Wiedersehen im Bad, ohne Aufsicht. In der Dusche war mehr los als in einer Dusche in Holstein. Es waren mehr Jungen, es wurde gerufen und gescherzt, einige waren nackt.

Sich verbergen und sich zeigen, man will beides mit elf Jahren. Ich, berauscht von der Ansicht, entkleidete mich in der rechts und links aufgemauerten Duschkabine. Obwohl ich mit dem Rücken zum Gang stand, musste etwas bemerkt worden sein, denn plötzlich stand ein größerer Junge neben mir, beglotzte meinen Stecken und gab seinen Kumpels lachend zu verstehen, was er gesehen hatte.

Großpapa, mit weißem Haar und weißem Schnurrbart, hatte zwei Dutzend Emailleschildchen auf seinen Gehstock genagelt, Erinnerungen an erstiegene Burgen und erklommene Berge. Im Wohnzimmer hing ein Ensemble von Rehbockgehörnen aus einer vorgeblichen früheren Zeit als Jäger. Zu unserer Zeit sammelte er Briefmarken, die er an einem aufgeklappten Sekretär ablöste, trocknete und mit der Pinzette hinter den Pergamynbändchen gummigrüner Alben aufreihte.

Walter stopfte sich vor dem Essen eine riesige weiße Stoffserviette in den Kragen, die ihn mehr oder weniger bedeckte. Er meinte, Wurst öffne und Käse schließe den Magen, und der letzte Käse seines Abendessens lag in einer verschraubten Kunststoffschachtel und war klar als Harzer zu erkennen. Er nannte ihn den Stinkerkäs. In schneidigem Ton verkündete er glänzenden Auges dieses und jenes, begleitet vom sanften, aber auch unübersehbar ironischen Lächeln meiner Großmama.

Die Liedchen, die er sang, wenn der Tag lang wurde und im Auto, waren eigentlich nur Schnipsel: »Die hinger de Gardinge stonn un spinxe, dat sin de schlächste Minsche.« Er herrschte fröhlich im kölschen Interieur, befreit durch das Ableben der Schwiegermutter. In der dunklen Buffetvitrine gab es ein Seitenkabinett mit diversen über Jahrzehnte gesammelten Gläsern und Gläschen, bedruckt oder graviert, sowie einigen geheimnisvollen Flaschen, und auf der Rückseite des Kabinetts war eine weiße Boizenburger Kachel angebracht, auf der stand: Blau ist keine Farbe, blau ist ein Zustand.

In den Kölner Ferien ging man zur Bushaltestelle, ohne in einem Fahrplan zu blättern. Die Busse, kommend von Hohelind und Deckstein, hatten ihren ersten gemeinsamen Halt stadteinwärts am Hildegardiskrankenhaus. So ließen wir uns mit der Großmama zum Neumarkt kutschieren. Sophie war aufgefallen, dass die Langhaarigen ihr immer einen Sitzplatz anboten. Später, als sie uns nicht mehr zu begleiten brauchte, winkte sie vom Wohnzimmerfenster her, wenn der Bus auf der Bachemer Straße an dem schwarzgrauen Haus vorbeifuhr. Am Anfang der Schildergasse war in weißen Blockbuchstaben auf den Boden geschrieben »Nixon Mörder«.

Mit meinem Bruder hatte ich die Straßenbahnen entdeckt, die über den Rhein fuhren. An einem Nachmittag unterwegs in Deutz, wurde uns klar, dass wir, um rechtzeitig zurückzukehren, hätten aussteigen und auf die Gegenseite wechseln müssen. Dagegen sprach, dass man für den gleichen Fahrpreis bis an die Stadtgrenze rollen konnte. Schließlich fuhren wir bis zur Endhaltestelle in Leverkusen, wo es bei Tag überhaupt nicht aussah wie am Abend, wenn wir auf der Autobahn das BAYER-Zeichen passiert hatten, sondern eher trist und überhaupt nicht nach Köln.

Mehr als eine Stunde verspätet, wurden wir von einem erbosten Großvater empfangen, der uns am Abendbrotstisch niedersitzen und mit donnernder Stimme wissen ließ, es mangele uns an jeder Disziplin und werde Zeit, dass wir zum Militär kämen. Dann legte er seinen weißen Latz an und sprach kein Wort mehr, inklusive Stinkerkäse. Großmama lächelte verzeihend und sagte auch nichts. Es war nicht ganz klar, wem sie verzieh, wahrscheinlich allen. Anders als wir Kinder wusste sie, dass er den Krieg herumgebracht hatte ohne einen Tag in Uniform.

Der Krebs, der Walter dann fraß, hatte es eilig, so dass zwischen seinem letzten Kühlschrankverkauf bei Horten und seinem Tod nur Wochen lagen. Nun kam die norddeutsche Familie noch einmal nach Köln, um die Urne in einem Grab auf dem Melatenfriedhof zu versenken, das alle gut kannten, weil die Uroma dort bereits wartete. Später fuhr ich mit meinem Bruder in die Stadt, wo wir Donovans »Cosmic Wheels« kauften. Zu unserer großen Überraschung hatte man, bei aller Trauer, in der Bachemer Straße gar nichts dagegen, die Platte zu spielen, die über ziemlich heftigen Beats psychedelisches Kreischen hören läßt. Das war unerklärlich. Der Großvater war tot, und die ganze Familie hatte es plötzlich mit Rock 'n' Roll.

In den nächsten siebenundzwanzig Jahren nutzte ich die Basis in der Bachemer Straße, wo alles beim Alten blieb. Mit dem Geruch kamen die Erinnerungen wieder. Die erste Erinnerung war der winterliche Park vor dem Krankenhaus gegenüber. Die zweite der Aachener Weiher, mit einer Flotte von ferngesteuerten Booten darauf, an den Funkkontrollen erwachsene Männer. Die dritte: das japanische Kulturinstitut, in dem ich mit meiner

Großmama ein gegenstandsloses Bild entdeckte, vor dem wir lange saßen und über das wir ins Schwärmen gerieten.

Der Aachener Weiher, ein eingemauerter Teich an der Aachener Straße, war Teil des grünen Gürtels, der uns in der Bachemer Straße von der historischen Stadt trennte. Daneben muss ein Hügel gewesen sein, unter dem sich Trümmer verbargen und von dem man bei Schnee rodeln konnte. Um zurückzukommen, ging man über eine immer breiter werdende Wiese, die auf der stadtauswärts gelegenen Seite von einem Wald flankiert wurde, oder was mein Bruder und ich dafür hielten. Es war Frühjahr, als wir dort einen Mann beobachteten, der seinerseits, zwanzig Meter im Gehölz, die Vögel beobachtete, wobei wir dachten, ihm behilflich sein zu wollen. Als wir in seiner Nähe standen, wandte er sich um und zeigte, aus seiner Hose stehend, etwas riesiges Fleischliches, wofür wir keinen Namen wussten. Auf seine Frage, ob wir »auch so etwas« hätten, schüttelten wir die Köpfe und rannten davon. Die Leugnung, die uns zu Mädchen machte, hat mich ein paar Jahre beschäftigt, nicht weniger als die Erscheinung selbst.

Meine Großmutter Sophie lebte in größter Bescheidenheit. Trotz Horten hatte sie lange keinen Kühlschrank. In den sechziger Jahren kam ein Milchhändler vorbei, der sich unter dem Fenster des Uromazimmers in der Nietzschestraße in Stellung brachte und den Korb abwartete, den Sophie an einem Band herabließ, darin der passende Betrag für die Ware, die sie dann heraufzog. An der Rückwand des Uromazimmers, der dunkelsten Stelle der Wohnung, befand sich ein Vorratsschrank; daneben, in einem kleinen schwarzen Rahmen, ein Portrait von Richard Wagner.

Als Walter gestorben war, schlief Sophie eine Nacht neben seinem Leichnam. Sie änderte später nichts am Arrangement des Schlafzimmers, außer dass sie meiner verheirateten Schwester die Art-deco-Lampen schenkte, beide. Sie hörte nachts im Bett Radio und stand erst am späten Vormittag auf. Dann richtete sie sich für den Tag im Wohnzimmer ein, wo sie gründlich den Kölner Stadt-anzeiger las. Die andere Lektüre war ein Tageskalender der Herrnhuter Brüdergemeine, in dem die Losung stand, eine Bibelstelle ohne Auslegung. Sie schrieb Briefe in ausladender Schmuckschrift, die letzten Jahre nur noch Karten mit der Losung des Tages, an dem man Geburtstag hatte. Der Fernseher kam nie.

Sie war eine große Anhängerin Willy Brandts gewesen, dann galt ihre Verehrung Johannes Rau. Sie schätzte Gollwitzer und Böll. Frei von Phrasen sprach sie über den Fehler, Hitlers Absichten nicht erkannt zu haben, und die Schuld, die den Deutschen geblieben war. Worin ihre Fortschrittlichkeit gründete, war nicht auszumachen. Sie las weder den »stern« noch Bücher der Reihe rororo aktuell. Sie hatte keine linken Freunde und keine sozia-listische Vergangenheit. Sie saß mit der Lupe an ihrem Wohnzimmertisch, unter dem viertelstündlichen gläser-nen Läuten einer Uhr, die sie mit einem Vierkant täglich aufzog.

Der Sozialstaat sicherte ihr Museum, die Woh-nung im Hochparterre. Sie bekam Doppelfenster, hinter denen der Straßenlärm sich anhörte wie Gesäusel. Sie war fasziniert von allem, was neu war: von meiner Merve-Bändchen-Bildung, vom Faxgerät, vom Sushi. Dann öff-neten wir zusammen ein Kölsch.

Sie war das Gegenteil jener Alten, die sich in der Vergangenheit verkriechen. So wäre mir fast entgangen, dass weder sie noch Walter aus Köln stammten. Ihr Vater war als Prokurist bei Stollwerck von Mainz gekommen und an den Chlodwigplatz gezogen. Man verbrachte die Ferien in der thüringischen Sommerfrische, wo in den zwanziger Jahren auch Walter, weit im Osten geboren, eingetroffen war. Aus der thüringischen Ferienliebe wurde eine Kölner Ehe. Sie wollten da hin.

Im Bombenkrieg erinnerten sich die Mainzer-Kölner an ihre Ferienlandschaft und nahmen dort Zuflucht. Die Rückkehr nach Köln hat Jahre gedauert, Walter zuerst und sehr viel später Frau und Schwiegermutter, und unterdessen war meine Mutter schon abtrünnig geworden, nicht einmal zwanzig, ihrem flüchtigen thüringischen Lehrer hinterher nach Holstein, wo sie beide nicht hingehörten, unablässig quasselnde Fremde.

Während Thüringen, die zwischenzeitlich verlorene Landschaft, uns Kindern gedeutet wurde wie ein Traumschloss, wuchs Köln zum Symbol unserer westlichen Existenz, und ich frage mich, ob wir überhaupt Kinder des Westens geworden wären ohne die Vorgeschichte der grauen Kommoden mit den aprikosenfarbenen Knöpfen.

Sophie, fast neunzig, als ich nach ihrem Leben fragte, machte mir eine eigentümliche Rechnung auf. Sie hatte mit ihrem Ehemann allein nicht einmal zehn Jahre verbracht, nämlich vor der Geburt des einzigen Kindes, das meine Mutter werden sollte, plus die Jahre nach dem Tod ihrer Mutter, meiner Uroma, bis zu seinem Tod. Sie war Ende zwanzig gewesen in der ersten Episode und jenseits der sechzig in der zweiten. So relativierte sich alles, was ihr widerfahren war, vor dem Vierteljahrhundert selbstbestimmten Lebens in der Bachemer Straße, das sie allein hinter sich brachte. Sie war vorsichtig genug, um nicht zu jubilieren. Aber kein Zweifel: Sie fühlte sich beschenkt. Sophie war glücklich im Inneren ihrer Straßenecke und alles war auch dann noch an seinem Platz – die Glocke und die Briefmarken und die Boizenburger Kachel –, als sie im Krankenhaus Hildegardis gegenüber starb.

Die letzte Fahrt mit meinen Eltern hatte ich mit sechzehn Jahren gemacht. Neben mir saß nicht mehr mein Bruder, sondern ein schmaler Junge mit asiatischen Augen. Es war nicht mehr wirklich eine gemeinsame Fahrt, sondern nur der erste Lift auf einer Tour nach Frankreich, und die erste Station dieser Tour war die Bachemer Straße. Als wir am Abend hinausgingen, nahm ich meinen Freund nicht mit zum Lokal im spitzen Winkel und wartete mit ihm auch nicht auf einen der beiden Busse, sondern wir gingen zu Fuß über die Universitätsstraße und durch den Grüngürtel und unter der Bahn hinweg in die Stadt, die belebter war und heller, als ich sie je gesehen hatte. Wir suchten uns eine große Kneipe aus, in der es ziemlich voll war, von Männern, und lernten bald einen freundlichen Bärtigen kennen, der Musiker fotografierte, was uns imponierte, und der uns mit zu sich nach Hause nahm.

Er wusste, wie man Jungen verführt, die halb so alt waren wie er selbst. Dass die Poster, die an den Wänden hingen, nicht von ihm waren, gab er erst zu, kurz bevor wir ihn verließen. Außerdem sagte er mir, dass ich aus dem Dreierbett gestiegen, weil ich eifersüchtig gewesen sei.

Das war halb richtig. Zuerst war ich ausgestiegen, um zum Klo zu gehen, denn Kölsch und Erektion vertragen sich schlecht. Dann, als ich zurückkam, sah ich den Bärtigen, wie er meinen Freund von hinten nahm, dessen Gesicht verzerrt, ob in Lust oder Schmerz war nicht auszumachen. Nie hatten wir uns an diese Grenze gewagt und taten es auch später nicht, so dass es dem Bärtigen in der Weststadt zukam, meinen Freund zu entehren oder was auch immer das richtige Wort dafür sein mag. Schon zog ich mich wieder an, während ich noch zusah.

Als wir nach Mitternacht in die Bachemer Straße kamen, läuteten wir nicht die dreitonige Glocke, klar, sondern gingen still schlafen im Zimmer der Uroma, unter dem Kupferstichportrait Richard Wagners, wo eine Liege aufgebockt stand vor dem alten, durchgelegenen Bett der Vorzeit, auf dem ich, während der Freund im Bad war, für einen Moment allein saß und mich im Spiegel des Kleiderschankes sah, dessen Ränder geschliffen, die Straßenbeleuchtung durch die weißen Gardinen einfallend von der Nietzschestraße. Und ich begriff, was Köln für mich gewesen war, ein Bilderbuch.

Einfeld

Der Garten meiner Kindheit war hellgrau, nicht ein einziges Hellgrau, sondern mattgrau und silbergrau und weiß überstrahlt, so wie auf dem kleinen Querformat im Familienalbum, das mich auf einem Sommerrasen liegend zeigt, ein Bein zum Himmel gestreckt wie ein Ausrufungszeichen, mein Flachshaar fast durchsichtig und mein reines Gesicht konzentriert auf etwas, das man in der Fotografie nicht sieht und das eine künstliche Blume in einem Wasserglas gewesen sein muss, die in einer Plastikmuschel verborgen war, wenn man sie geschenkt bekam, und nach wenigen Tagen im Wasser sich ausgewachsen hatte, die Muschel nun ihre Wurzel. Sie stand da im Wasserglas und schillerte in ungeahnten Farben.

Es war also Sommer, und ich war allein mit etwas, das mir gehörte und gelungen war, denn nicht jede künstliche Blume ging auf, wenn man sie im Wasserglas versenkte. Ich war nicht ganz allein, denn jemand hatte sich mit der Voigtländer flach ins Gras gelegt, hatte sorgfältig das Licht gemessen, Zeit und Blende eingestellt, die Schärfe justiert und ausgelöst. Da waren die Eltern und die Geschwister und die anderen Kinder, die ich heute noch rufen höre, vor allem Lauritz, fast auf den Tag so alt wie ich, der am Abend beim dritten Ruf, er möge reinkommen, sich zum Haus hin aufstellte, die Arme hinter dem Kopf verschränkt, seinen Kopf rot anlaufen ließ und mit zusammengekniffenen Augen, aus denen Tränen flossen, rief: »Ich will aber nicht.« Er war das Gegenteil von mir, denn ich wollte.

Als drittes Kind war ich in ein warmes Nest geboren worden, in eine Familie, die mit Mutter, Vater, Bruder und Schwester bereits vollständig war, als ich mich, wie meine Geburtsanzeige es ausdrückte, zu ihnen gesellte. Die Gewissheit, dass mein Vater wirklich im selben Haus wohnte, stellte sich zur Mittagszeit ein, wenn zwei Ereignisse rätselhafterweise zusammenfielen: dass er »aus der Schule«, was auch immer das sein mochte, nach Hause kam und meine Mutter ein komplettes Essen durch eine holzverkleidete Öffnung schob, die Küche und Esszimmer miteinander verband. Meine Mutter wachte über den Garten meiner Kindheit, sie war immer da, und ihre Bedeutung wuchs, als meine Geschwister plötzlich ebenfalls »zur Schule« gingen wie der Vater. Nun war ich, wenn ich ausgeschlafen hatte, mit dem Frühstückskakao und meiner Mutter allein.

Der Garten meiner Kindheit war ein Handtuchgrundstück auf dem holsteinischen Geestrücken, einer sandigen Ebene, gerahmt von anderen Kindheitsgärten gleichen Schnitts, in einer Siedlung, die an offene Weiden grenzte, die wir Koppeln nannten. Um jungen Familien zu Eigentum zu verhelfen, hatte ein Gewerkschaftskonzern, unberührt von den Lehren des Bauhauses, einen Doppelhaustyp entwerfen lassen, weiße Riegel mit roten Giebeldächern, die gerade Straßen säumten wie Miniaturen preußischer Kasernen. Das Areal war so gewählt, dass kein Traditionsbau im Weg stand; ein offenes Feld, das nach Kompass bebaut worden war, denn die Straßen verliefen westöstlich und nordsüdlich. Der Wind sorgte dafür, dass man das nicht vergaß.

Wie alle Gebiete, die in der Dimension eines Quadratkilometers erschlossen werden, lag auch dieses im Nirgendwo und hätte einen willkürlichen Namen bekommen müssen, etwa den des gewerkschaftlichen

Bauherrn: Neue Heimat. Stattdessen wurde es einem Ort zugeschlagen, den ein unbekannter Gründer, der Volksmund möglicherweise, Einfeld genannt hatte. Einfeld bestand damals aus einigen reetgedeckten Bauernhöfen, die am Südende des Einfelder Sees lagen. Im Ortskern gab es eine Kirche, eine Schule, zwei Schreibwarenläden, ein Schuhgeschäft, einen Friseur und zwei Supermärkte, Edeka und Spar. Jedenfalls gab es all das, sobald ich bereit war, den Garten der Kindheit zu verlassen.

Vor der Schule, damals ein Neubau, stand eine Steinskulptur, die in den Augen meiner Eltern Rike und Bert darstellten, meine älteren Geschwister. Das hätte mir eine Warnung sein sollen, nicht schneller als notwendig nach der Schultüte zu greifen. Ich aber wollte; und zu Ostern 1965 begann meine schmerzliche Alphabetisierung in der Grundschule Einfeld, der man vergessen hatte, einen Namen zu geben, Grimm oder Hotzenplotz.

Mit von der Partie war Lauritz, der eine Woche neben mir saß, bis man ihm mangelnde Schulreife attestierte. Weil ich um der Gesellschaft meiner Mutter willen den Kindergarten gemieden hatte, kannte ich die anderen Kinder nicht.

In der zweiten Woche, während ich auf dem Klo saß, gab es ein Gepolter, das ich mir erklären konnte, als Peters Gesicht über der Kabinenwand erschien und auf mich herunterschaute. Ich hielt es für angemessen, der Lehrerin darüber Mitteilung zu machen. Der immer grinsende Junge mit der Brille, vor dem ich mich fürchtete, wurde nicht nach Hause geschickt wie Lauritz und auch nicht geschlagen; die Strafe hatte keine andere Gestalt als einen Vermerk in einem großen Buch, der »Rüge« hieß, ein Wort, das ich im Verdacht hatte, mit dem männlichen Hund verwandt zu sein.

Erst jetzt und in den nächsten tausend Tagen bis zum Ende der dritten Klasse fing ich an zu begreifen, wo ich war: In einem Flüchtlingslager. Die Eltern dieser Kinder waren aus Ostpreußen und Pommern und Schlesien geflohen. Auf einem riesigen Acker im holsteinischen Nichts hatten sie dankbar neue Häuser bezogen, in ihren Gärten Kartoffeln gepflanzt, Kinder gezeugt, Rotznasen, die mit vier Jahren wussten, wie ein Schwein aussieht, wenn es stirbt, sich mit sieben zusammenrotteten, um die Gehwege zu belagern, und mit zehn keinen Satz würden flüssig lesen können. Manche waren Grobiane, andere Schläger, so wie Heiner Ziegler, der nicht weit vom Autoschrottplatz wohnte und zu meinem Schrecken einen Namen trug, den ich bis dahin für eine Eigenschaft unserer Familie gehalten hatte.

Seit ich hören, also bevor ich sprechen konnte, war alles, was jenseits der Gärten lag, Schule gewesen; etwas, das von nach dem Frühstück bis zum Mittagessen dauerte und danach weiterging, indem man drüber sprach, bis die Dunkelheit einen hinabzog in den Schlaf. Vater, Rike und Bert gingen schon zur Schule, und nun war es bei mir so weit. Eine gewisse Wachsamkeit in den Augen meiner Mutter, als der Name meiner Klassenlehrerin bekannt wurde, war mir nicht entgangen, konnte mich aber nicht daran hindern, diese Frau unbesehen ins höchste Bord meines Idolregals einzustellen, gleich neben Jesus Christus, und das war Frau Meve.

Ihr Versagen am ersten Tag war nahezu unverzeihlich, weil sie, statt den ersten Buchstaben, welcher auch immer das sei, uns beizubringen, Zeichenblätter austeilte, auf denen wir mit einem Bleistift unablässig Kreise ziehen sollten, eine Lockerungsübung für die Hand, wie es hieß, um sich auf das Schreiben vorzubereiten.

Am zweiten Tag war Schluss mit dem Quatsch, und Frau Meve schrieb ein Wort an die Tafel, das wir in unser Heft kopierten, wobei es von drei Linien getragen wurde. Dies war der erste Tag, an dem eine neue Methode des Lesenlernens unterrichtet wurde, die davon ausging, dass es für die Lernenden besser sei, zunächst ganze Worte aufzunehmen. Ich kam nach Hause und konnte »ich«.

Bald, Lauritz verbrachte seinen Tag schon wieder auf dem heimischen Rasen und brüllte abends noch immer »Ich will aber nicht«, fand ich heraus, dass meine Lehrerin, auch wenn sie es zu verhindern trachtete, das Geheimnis der Buchstaben würde lüften müssen. Damit es uns nicht leichtfiel, erwähnte sie die Bauart der Buchstaben nur flüchtig, um sogleich zum ganzen Wort zurückzukehren, aber ich hatte mir doch gemerkt, dass ein »m« zwei Häkchen hat, drei sagten meine Eltern, beim Mittagessen nach der Schule, zwei sagte ich, nein, sagten meine Eltern, und meine Geschwister, die Verräter, stimmten auch noch zu, sonst ist es ein »n« und kein »m«. Zwei rief ich, bevor ich einen Tobsuchtsanfall bekam und – weil Weinen bei Tisch verboten war – mich auf das Bett meines Bruders warf, unverstanden, verzweifelt und verkannt, ich und Frau Meve und vielleicht auch Jesus Christus im Besitz einer Wahrheit, die die Welt zu leugnen sich vorgenommen hatte. Noch lieber hätte ich mich auf mein eigenes Bett geworfen, mit dem unbegrenzten Recht, dort auszuharren, aber dafür hätte ich erst eine Leiter hochsteigen müssen, unwürdig für einen Märtyrer.

Noch schwieriger wurde es am folgenden Morgen, als Frau Meve sich entschloss, ihre Lehre vom Vortag zurückzunehmen und zu behaupten, das »m« habe drei Häkchen und das »n« habe zwei. Das war natürlich gemein, aber es hatte den Vorteil, dass sie nun, was sie am Vortag noch zu verhindern versucht hatte, darüber sprechen musste, was Buchstaben voneinander unterscheidet, und das war es schließlich, was ich wissen wollte. Ich nahm mir vor, den Eltern davon nicht zu berichten.

Was Frau Meve betraf, wäre dies ein möglicher Zeitpunkt gewesen, sie vom obersten Bord ins unterste zu verfrachten, gleich neben Judas. Stattdessen beschloss ich, alles, was Frau Meve sagte, mir sofort und wortwörtlich zu merken in der Absicht, nie mehr vom Pfad des einmal Gelernten abzuweichen. Ich verschloss mich für die trügerischen Worte meiner Mutter, die beim Rechnen mit meinen Geschwistern »minus« sagte, wo es »weniger« heißen musste, und Tu-Worte vor mir verheimlichen wollte, indem sie sie Werpen nannte. Mein Vater war ein noch schlimmerer Fall, weil er die Uhr nicht lesen konnte, denn er sagte »dreiviertel sieben«, was auf meiner Uhr nicht vorkam.

Frau Meve hatte ein rötliches Gesicht mit einer fleischigen Nase und taubenblauen Augen, deren Blick, wenn sie wollte, einen gefrieren ließ. Ihre Stimme war rau und gegenwärtig, ohne jeden Nachklang. Anders als andere Erwachsene lachte sie nicht über lustige Dinge, die Kinder sagen. Entweder war es richtig, oder es war falsch. Bei den Jungen war es öfter falsch.

»Peter, es heißt nicht ›nix‹, es heißt ›nichts‹. Sag mal ›nicht‹.«

»Nix.«

»Sag mal ›nich‹.«

»Nich.«

»Sag mal ›nicht‹.«

»Nich.«

»Nicht.«

»Nichd.«

»Nichts.«

»Nix.«

Gern hätte ich von Frau Meve ein Zeichen bekommen, dass sie meine Fortschritte zu schätzen wusste.
Der geeignete Augenblick für ein gutes Wort wäre gewesen,
als alle Kinder aus der Garderobe, die dem Klassenzimmer
vorgebaut war, sich auf den Nachhauseweg gemacht hatten, während ich noch an meinem Mantel herumnestelte.
»Immer der Letzte«, sagte Frau Meve, und um ihr zu gefallen oder ihr zu entgehen – oder beides –, wäre ich gern
der Vorvorletzte gewesen, das Ziel schien mir erreichbar,
aber ich blieb der Letzte, entweder weil ich doch nicht
schneller konnte oder weil ich noch immer auf ein gutes
Wort wartete.

In einer Schlange stehend vor ihrem Pult, um ein
Blatt linksseitig lochen zu lassen, beobachtete ich, wie sie
das Blatt eines jeden Kindes mit einem Knick versah. Ich
fand, man könne die Mitte gut schätzen, und bat, als ich dran
war, mein Blatt nicht zu knicken. Sie sah mich an in einer
Weise, die klarmachte, dass sie mich für verrückt hielt.

Frau Meve wohnte nicht in Neue Heimat, sondern in einer neueren Blockbebauung, der ersten, mit der
man versuchte, die Lücke zwischen uns und dem alten Dorf
zu schließen. Bei ihr wohnten zwei Söhne von bärenhafter
Ruhe und mit erschreckend großen Köpfen. Einerseits taten sie mir leid, dass sie in einem hässlichen Haus in einer
Wohnung, die nicht groß sein konnte, mit Frau Meve zu-
sammenwohnen mussten. Andererseits waren sie Kinder
einer Lehrerin und teilten insofern mein Schicksal, denn
soviel hatte ich inzwischen verstanden, dass mein Vater
nicht in die Schule ging, um zu lernen. Wahrscheinlich
knickte er auch die Seiten, bevor er sie lochte.

Was nun die Abwesenheit eines Herrn Meve betraf, wusste mein Vater, dass dieser bekannt sei dafür, dass er vom Flugzeug aus das Land fotografierte, das ganze Land zwischen den Meeren – bestehend aus Marsch, Geestrücken und der Holsteinischen Schweiz, wie ich bei Frau Meve gelernt hatte –, was ich mit Skepsis aufnahm, denn ich hatte über der Neuen Heimat nie ein Flugzeug gesehen. Auch schien es mir übertrieben, dass er das Fluchtmittel eines Flugzeugs gewählt hatte, um Frau Meve zu entkommen. Als das Buch erschien, mit steilen Aufsichten roter Ortskerne, von Siedlungen zwischen leuchtenden Kornfeldern, von Häfen und Dünen, fragte ich vergeblich nach einem Bild von Einfeld oder vom Einfelder See. Es gab keines, was wahrscheinlich die Schuld von Frau Meve war.

Hätte es das Bild gegeben, wäre selbst einem Achtjährigen die Ärmlichkeit der Lage seines Elternhauses aufgefallen. Der See war die einzige Attraktion. Er lag zwei Kilometer nördlich und war zu erreichen über eine der tristesten Straßen der Welt, links die Koppeln und rechts die Baustellen neuer Siedlungsbauten. Die »Industriestadt Neumünster«, die Meve überflogen hatte, lag in der anderen Richtung. Wer am See wohnte, konnte am Bahnhof Einfeld in den Zug steigen und war nach zehn Minuten in Neumünster. Wer in der Neuen Heimat wohnte, musste sich mit dem Fahrrad auf Schlammwegen nach Neumünster kämpfen und sah den See nur, wenn es warm genug zum Baden oder kalt genug zum Schlittschuhlaufen war. Wir gehörten nicht nur per Distanz nicht zur Industriestadt. Die Neue Heimat war die südlichste Bebauung eines Landkreises namens Rendsburg, ein Außenposten, dem man keine Wahlgeschenke machte, mit Kläranlage, aber ohne Spielplatz, ohne Kino, ohne Blumen auf Plätzen. Während es immerhin drei Möglichkeiten gab, von der Bundesstraße her in den Ortskern oder an den See abzubiegen, blieb uns nur die südliche Zufahrt, blockiert durch eine Bahnschranke, vor der man auf Züge warten musste, in denen immer die anderen saßen. Einfeld war für Passanten auf der B 4 ein unsichtbarer Ort hinter einem Bahndamm. Hatte man Einfeld, auf dem Weg nach Kiel, fast passiert, schwenkte die Bundesstraße über die Bahn und gab den Blick auf den See frei, der nach Einfeld hieß, aber von Einfeld davonlief. So hätte es auf dem Luftbild ausgesehen.

Meine erste Beerdigung war die von Klaus-Dieter, der im See ertrunken war. Er habe, hieß es, in der Hitze des Sommers auf seiner Luftmatratze gelegen und, als er ins Wasser fiel, einen Herzschlag bekommen. Was uns wahrscheinlich eine Lehre sein sollte. Ich aber wusste, dass mein Klassenkamerad nicht schwimmen konnte, wie alle Jungen, deren Eltern das »r« rollten und an unasphaltierten Wegen wohnten. Um sich im Wasser fortzubewegen, ruderten sie mit den Armen und warfen den Kopf hin und her, so wie die Hunde, aber das brauchte viel Kraft und brachte sie kaum vorwärts. Sie machten das auch nur im flachen Gewässer.

Als Klaus-Dieter beerdigt wurde, kam von der Empore eine Stimme, die, anders als Klaus-Dieters Tod und was der Pastor darüber zu sagen hatte und die bedauerliche Verfassung von Klaus-Dieters Mutter, mich zu Tränen rührte, konträr zum Refrain, der, wenn ich ihn richtig verstand, lautete: Weil Gott in dieser Nacht erschienen, kann unsere Nacht nicht traurig sein. Die Doppelung des Wortes Nacht kam mir plump vor, aber mir war klar, dass Harald – so hieß der Junge mit dem Mezzosopran, so fest wie eine Glocke – dafür nichts konnte. Harald ging nicht in meine Klasse, und obwohl ich ihn später oft sah und im Bus sogar neben ihm saß, habe ich nie mit ihm gesprochen. Durch seine Stimme ging mir auf, wie fremd mir die Einfelder Jungen waren, nicht einer, dessen Nähe zu suchen mir in den Sinn gekommen wäre. Vielleicht sang Harald aber auch nicht bei der Beerdigung von Klaus-Dieter, sondern ein paar Jahre später bei der Beerdigung von Lars Haberland, der auf den Bahngleisen gestorben war.

In der ersten Klasse gab es ein Mädchen, zu dem ich mich hingezogen fühlte, Bine Brandt, die auf dem Schulhof beim Fangen die anderen mit ihrem Finger stach, weshalb sie als Pieksbiene bekannt war. Bine wurde von ihrer Mutter mit einem winzigen Fiat von der Schule abgeholt, in dessen Buckel sie abtauchte, während ich auf dem Gehweg vor dem Geschäft der Wolfs stand, jeden Tag, und zwar so, dass ich die Auspuffgase eines großen Opels einatmen konnte, die, auch wenn ich es für mich behielt, ganz besonders gut rochen.

Der kleine weiße Fiat war das Auto ihrer Mutter, der Vater fuhr einen Volvo. Die Brandts waren erst kurz zuvor nach Einfeld gezogen, in eine von Kiefern gesäumte Sackgasse namens Christiansweg, die nicht weit vom Schrottplatz westlich in die Koppel stach. Trotz meiner geringen Erfahrung mit Stadtplanung fiel mir auf, dass die Nachbarschaft der Schläger und Rotzer für Familien, die ganz für sich in roten Backsteinhäusern wohnten, nicht günstig sein konnte. Leider merkten die Brandts das auch und zogen am Ende des ersten Schuljahrs nach Neumünster, wo Herr Brandt vergeblich versuchte, eine notleidende Pelzmantelfirma zu retten.

Vielleicht hätte Gabi die Pieksbine ersetzen können, ein Mädchen mit dunklem Haar und glitzernden Augen, das nicht weit von der Endhaltestelle jenes Busses wohnte, der aus Neumünster kam und an dem »Einfeld

Siedlung« stand. Ich durfte zu ihr nach Hause kommen, wo sie mich ohne Pause einen »Frechdachs« nannte und die Hand hob, als wollte sie mich ohrfeigen. Ich ahnte grob den Sinn des Spiels, aber kam nicht wieder.

Die letzte Freundschaft in der Grundschulzeit dauerte einige Wochen und ruhte auf Reginas Seelenruhe oder Gleichgültigkeit. Das bleiche Mädchen wohnte mit seinen Eltern in einer Baracke, in der es nach Essen roch, mit einem Nutzgarten hinter dem Haus, dessen einziges Schmuckstück eine monströse Schaukel war. Ihre Eltern schienen beide zu arbeiten. Regina wollte Gesellschaft, wenn sie Schularbeiten machte, in Comics blätterte oder fernsah. Dass ich mich mit ihr langweilte, musste sie geahnt haben, als sie – ich in weiten Bögen auf der Schaukel – vom Komposthaufen eine tote Krähe, die ihr Vater geschossen hatte, bei den Beinen nahm und damit nach mir warf. Sie probierte es immer von Neuem, bis es mich getroffen hatte, das Aas und was es meinte.

Ich stand also, als Erstklässler, vor dem Geschäft der Wolfs und sah zur Schule hinüber – auf dem Rasen davor Rike und Bert in Stein gehauen –, bis der gutriechende Opel weggefahren war. Zu den Wolfs ging ich nur, um runde, farbige Bonbons zu kaufen, einen Pfennig das Stück. Ich verlangte immer zehn, die mit einer metallenen Schaufel aus einem Glasbehälter jongliert wurden; dann wollte Herr Wolf, und bei Frau Wolf war es nicht anders, mir die Kugeln auf die Hand schütten, aber es war keine Hand da. Stattdessen bat ich, sie mir in einer Papiertüte zu geben, worauf es hieß, aber ich solle das Papier nicht auf die Straße werfen, was ich versprach. Ich genoss es, die Erwachsenen zu zwingen, mich als Kunden zu behandeln, und die Freude über ihre Dummheit, mich als den Jungen mit dem Tütenwunsch nicht wiederzuerkennen

– immer wieder dieselbe alberne Ermahnung –, überstieg im Laufe der Monate die Freude über die Bonbons im Verhältnis zu ihrem Preis.

Das Geschäft der Wolfs war geteilt, links die Schreibwaren und rechts die Süßwaren. Nie kaufte ich bei diesen Leuten Schreibwaren. Die holte ich lieber im kleinen, muffigen Geschäft von Lira, einem bebrillten Mann von beflissenem Ernst, der keinen Unterschied machte zwischen Erwachsenen und Kindern. Zum Zeichen dessen verkaufte er auch Zigaretten und nahm Lottoscheine an. Er hatte ein paar Magazine, aber die Zeitung brachte er morgens zwischen fünf und sechs an die Tür, wo er sie still ablegte, um dann mit seinem Ford ein paar Häuser weiter zu fahren.

Liras Laden lag nicht mehr der Schule gegenüber, sondern auf dem ersten Abschnitt meines Heimwegs, der mit der Drogerie, dem Schuhladen, dem Farbengeschäft und dem Edekamarkt die High Street meiner Kindheit war, die nur eine akzeptable Auslage hatte, die von Arko, dem Süßwarengeschäft. Die Auslage zeichnete sich dadurch aus, dass sie wechselte, aber nicht wie beim Schuhladen, wo gelegentlich ein Paar Schuhe gegen ein anderes ausgetauscht wurde. Sondern komplett, von einem Tag auf den anderen, eine Sensation, die sich in den folgenden Monaten des Stillstands allerdings verlor.

Der zweite Abschnitt bestand aus einem großen Platz, der leer war, wenn er nicht von einem Jahrmarkt oder Zirkus genutzt wurde. Der dritte Abschnitt führte mich in die Wohnstraßen der Neuen Heimat, zuerst die Finnenhäuser aus dunklem Holz, und dann wurde der Weg wirklich lang, indem ich zwei Seiten eines Fußballplatzes abschreiten musste, bevor die weißverputzten Häuser sich vor mir auftaten, Häuser aus Stein, und genau in der Mitte der Straße öffnete sich die Tür eines Halbhauses, in dem meine Mutter in der Küche stand und sich über meine Rückkehr fast so sehr freute wie der Pudel.

Nun hatte ich es also geschafft und war nicht mehr der, der im Garten spielte, während der Vater und der Bruder und die Schwester in die Schule durften. Ich war eingetreten in den inneren Kreis der Familie, die Loge. Rike und Bert, mit einem Jahr Abstand eingeschult, hatten beide einen Lehrer, der Krafft hieß, was für sich sprach. Der Schauplatz, von dem sie berichteten, ihre Schule, war voller Neuigkeiten und Scherze, luftig und klar, so wie Herr Krafft. Mein Schauplatz war giftig und kalt, so wie Frau Meve. Dies versuchte ich, so gut es ging, vor der Loge verborgen zu halten, umso mehr, als mir dämmerte, dass man mich für mein Meve-Schicksal bedauerte, während man den Geschwistern ihr Krafft-Schicksal gönnte. Ich rächte mich, indem ich Frau Meve mit wachsendem Eifer anhing. Was ich von der Schule wiedergab, war wörtlich Frau Meve und duldete keinen Einwand und keine Frage. Staunend beobachtete die Loge meinen wachsenden Zorn.

Die Reform des Lesenlernens nach Wörtern wurde gefolgt von einer Reform des Schuljahrs, das nicht mehr zu Ostern, sondern im Herbst beginnen sollte. So kam es, dass ich mit achteinhalb Jahren in die vierte Klasse der Grundschule kam mit der Aussicht, ein Jahr später im Gymnasium zu sein. Diese Klasse übernahm ein Mann namens Jürgen Paasch, wie merkwürdig, ein Lehrer mit Vornamen. Den Sonntag verbrachte er auf dem Fußballplatz. Er rauchte filterlose Overstolz. Er sah aus wie ein jüngerer Bruder von Erich Kästner. Zu Peter sagte er: »Wenn du im Hirn angekommen bist, dann schick doch mal 'ne Postkarte.« Das hieß, er sollte aufhören zu popeln.

In der ersten Stunde nach den Ferien, seiner ersten Stunde mit uns überhaupt, war er sehr ernst. Er sagte, wir sollten Klaus-Dieters, der im Sommer im See ertrunken sei, gedenken. Dann neigte er seinen Kopf, schloss die Augen, legte die Hände übereinander und schwieg. Wir starrten ihn an. Einige kicherten. Schließlich öffnete er die Augen, löste die Hände und sagte, dass dies die Form sei, an einen Verstorbenen zu erinnern.

Er wird sich nicht gewundert haben über den roten Haufen, den er geerbt hatte: begriffsstutzige Jungen, denen die Verschlagenheit im Gesicht stand; Handwerkerkinder, die sich in Unsichtbarkeit geübt hatten; und der blonde Spross des Kollegen, der ihm an den Lippen hing. Es waren nicht die Kinder vom See oder die aus dem alten Dorf mit ihren sozialen Waffen, sondern Kinder aus der Siedlung, von Frau Meve stählern eingeschüchtert, scharf gemacht, bis zur Unkenntlichkeit verbogen.

In diesem Jahr begann mein Abschied von Einfeld. Später sollte dieser Abschied täglich werden, mit dem Bus »Großflecken« nach Neumünster und mit demselben Bus »Einfeld Siedlung« zurück. Zweimal wechselte die Familie im anderen Halbhaus, die Tierarztfamilie zog weg, die Lehrerfamilie zog weg; Leute mit Akkordeon zogen ein. Mein Vater war als Schulleiter nach Kiel berufen worden und kam in das Haus der Neuen Heimat zurück wie ein Riese, der sich ducken muss. Wir machten Sonntagsausflüge: zur Satellitenstadt Mettenhof, zu einem Baugrundstück jenseits der Kieler Universität, zum Haus eines alten Herrn auf der wohnlichen Ostseite der Förde, unter Kiefern: Gegenden, die in Meves Luftbildatlanten Schleswig-Holsteins, ein zweiter war erschienen, durchaus verzeichnet waren. Meine Eltern hatten unterdessen hinter das Halbhaus einen Bungalow gesetzt und im Vorgarten einen Öltank versenkt. Schließlich wurde die Kreisstadt Neumünster erweitert, Einfeld war nicht mehr Einfeld, Kreis Rendsburg, sondern Neumünster Zwei. Ich war zwölf und nahm Partei für Einfeld, ich war dagegen, und meinen Eltern sagte ich, später werde ich in ihrem Haus wohnen. Mit »später« meinte ich, wenn sie mal nicht mehr leben würden.

Noch zwanzig Jahre später, als ich schon lange in der Schlucht eines Hinterhofs mit Ausblick auf eine Autowerkstatt wohnte, träumte ich von den geraden Straßen und verhutzelten Doppelhäusern der Neuen Heimat, gespeist durch die Berichte meiner Mutter, die mir am Telefon erzählte, Heiner Ziegler habe an einem frühen Morgen, mit seinem Kumpel aus der Sonderschule, im Christiansweg den Zeitungsboten Lira überfallen und erschlagen, um aus der Kasse seines Lädchens in der Dorfstraße die Einlagen der Lottowette zu entnehmen. Es gab weitere Geschichten dergleichen, die einen auf die Idee bringen könnten, es handele sich um einen interessanten Ort mit einem täuschend schlichten Namen.

Ich bin der Einzige in Jürgen Paaschs Klasse, der angemeldet wird für das Gymnasium. »Jetzt müsst ihr zu Ulf aber ›Sie‹ sagen«, sagt der Lehrer, der aussieht wie der Bruder von Erich Kästner. Er rächt sich, weil wir wegziehen werden nach Kiel, mit dem doppelten Gehalt des seinen. Aber wir ziehen nicht weg, wir bleiben.

Pillnitz

Gleich am ersten Abend nahm Mischa mich mit zu einer Party, oder einer Tanzveranstaltung, viele Menschen in einem riesigen Saal, die Musik war sehr laut und mir zum größten Teil unbekannt, das Bier kostete einundfünfzig Pfennige. Es blieb aber nicht beim Bier. Ich wollte dann wirklich gern nach Haus, aber Mischa, baumlang, musste sich zuvor noch um Schorsch kümmern, den er mit beiden Armen über einen Holzzaun hängte, damit er, der bewusstlos war, nicht erstickte. Mir schien das keine glückliche Lösung zu sein, aber Mischa meinte, das sei in Ordnung, daran stirbt man nicht, und der würde wieder zu sich kommen.

Wir hatten es nicht sehr weit zu Fuß bis zur volkseigenen Gärtnerei, aber es war Zeit genug, um die Umstände zu besprechen. Ich hatte eine Feier solcher Art noch nie gesehen, während Mischa beteuerte, dass das ganz normal sei, es schien ihm zu gefallen. Wir schlossen also in diesem Sinne Freundschaft – schließlich waren wir uns, obwohl Cousins, in unserem Leben noch nicht begegnet – und fielen vergnügt ein ins erste Stockwerk des nachtgrauen Hauses auf dem Grundstück der Gärtnerei, kippten – nachdem eine Debatte darüber, ob es eine Band mit dem Namen CCS gebe, ohne Einigung verlaufen war – in die Betten, Eisenbetten, die sich an den Wänden links und rechts gegenüberstanden, als zu unserer größten Überraschung die Tür aufging, meine Mutter auf mich und sein Vater auf ihn zustürzte und wir beide, wenn auch vielleicht eher symbolisch als ganz im Ernst, eine Ohrfeige einfingen, die zu dem gewünschten Resultat führte, nämlich dass sofort Ruhe war.

Grund der Spannung war der bedauernswerte Zustand meiner Tante, die im Nebenzimmer unter einer Decke lag und nicht mehr aufstand. Aus ihrem Dreiecksgesicht guckte sie mit einem Blick, der verriet, dass die Kontrolle zu behalten ihr bis vor kurzem leichtgefallen war, die Leute an, die zu ihr kamen. Ich erinnerte mich sehr wohl an sie. Sie hatte, in Einfeld zu Besuch, das Zimmer meiner Schwester bekommen und rauchend komplett vernebelt. So blieb mir, der ich über sie kaum etwas wusste, im Pillnitzer Krankenzimmer nichts anderes übrig, als eine Zigarette anzuzünden und diese ihr Zug für Zug zu reichen, das heißt, zwischen die Lippen zu stecken, denn ihre Arme waren schon gelähmt, nur der Kopf war noch verschont.

Dem Onkel hatte ich für den folgenden Tag die Begleitung ins Elbsandsteingebirge versprochen, was ich am Morgen versuchte zu revidieren, aber ohne Erfolg. Also fuhren wir mit seinem knatternden Wartburg in Richtung tschechischer Grenze und bestiegen, in meinem Kopf schmerzende Pfeile, die Zunge wie Filz, die Perspektiven schaukelnd, einen der steil aufragenden, zerklüfteten Felsen. Wir brauchten keine Gerätschaft dafür, es gab eine Art vertikalen Pfad, man musste sich gelegentlich selbst hochhieven und erreichte schließlich eine Aussicht wenige Meter unter einer doppelten steinernen Spitze, getrennt durch einen offenen Keil, in dem ich, um dem Onkel oder mir etwas zu beweisen, aufstieg, indem ich mich zur einen Seite mit den Schultern und zur anderen Seite mit den Schuhen abgestützt die Öffnung hinaufzwängte, um dann wie eine Friedrich-Figur, auch wenn ich den Maler nicht kannte, dort oben zu stehen. Es war

Mittag. Die Landschaft, die der Onkel von unten erläuterte, war mir eher gleichgültig, jedenfalls die Namen der Erhebungen und Täler. Aber der Kopfschmerz war weg.

Der Onkel, wenn wir auf löchrigen Straßen in seinem blubbernden Kasten unterwegs waren, verwandelte das, was in den großen Scheiben des Vehikels erschien, in einen Kupferstich, auf dem Hügel, Täler und Flüsse sowie Torhäuser, Zinnen und Wegmarken mit Ziffern beschriftet waren, durch seine fortlaufende Legende übersetzt in eine Liste von Orts- und Familiennamen. Ich aber erblickte eine dunstige Landschaft mit Vorstädten und Dörfern, die sämtlich dringend der Renovierung bedurften, einen schmutzigen Strom und verdächtige rote Transparente an noch verdächtigeren grauen Fabriken, die die Freundschaft unter Brüdern feierte: Welche Brüder waren schon Freunde? Es war, als ob die Scheiben des Fahrzeugs durch seine Erzählung ein eigenes Bild hervorbrachten, wie Glasfenster von Kirchen und Gasthäusern. Vielleicht erklärte sich so der seltsame Name: Welches Auto hieß schon nach einer Burg?

Ich hatte mich für die Ortsnamen bis dahin wenig interessiert, für Gotha, Ruhla und Burgtonna, den Kyffhäuser und die Wartburg, die sich seit den ersten Monaten, in denen man Worte von Sätzen zu unterscheiden lernt, eingeprägt hatten als Zeichen von etwas, das fern und vielleicht unerreichbar war.

Nie hatte ich meinen Vater in Angst gesehen, in wirklicher Angst, aber als damals der Zug der Bundesbahn hielt, schlotterte er, einen grünen westdeutschen Pass in den Händen. Seine Mission war wenig beneidenswert. Zum einen war er der lebendige Beweis, dass ein Republikflüchtling bei der besuchsweisen Rückkehr zwei Jahrzehnte später nicht verhaftet werden konnte, zum anderen musste er damit rechnen, dass seine Schwester, größte Autorität in seinem Leben nach dem frühen Verlust des eigenen Papas, aus einem nahezu erstorbenen Körper ihre letzten Worte sprechen würde. Diese beiden Dinge hatten nichts miteinander zu tun, aber zu trennen waren sie auch nicht.

Um die drei Cousins voneinander zu unterscheiden, waren ihre Autos hilfreich. Frieder steuerte eine knatternde Winzigkeit von Automobil, deren beengenden Fahrgastraum er durch einen aus dem Westen importierten Innenspiegel in ein gewaltiges Panorama verwandelt hatte, wobei die Landschaft im hinteren Fenster, dieses angerundet wie ein Brötchen, in ungeheurer Geschwindigkeit winzig zurückblieb. Ich trug im Sommer unseres ersten Besuchs weiße Shorts mit Bügelfalten, deren Hosenbeine nicht einmal ein Drittel der Schenkel bedeckten. Der kreischende, blubbernde und röhrende Motor der von Frieder mit sportlichem Ehrgeiz über ältliche Landstraßen bewegten Chaise übertrug sich wie ungefedert auf den Rücksitz, auf dem ich vorgebeugt saß, um nicht an das Dach zu stoßen, und wenn die Fahrt endete, hatte ich eine eisenharte Röhre in der Hose, die nicht geschmolzen, bis ich ausgestiegen war, so dass jede Ankunft, ein jeder Ort bedeutend, auf eine große Peinlichkeit hinauslief, zumal damals die jugendliche Technik, T-Shirts frei fallend zu tragen, noch nicht bekannt war. Unangenehm war nicht nur die Unfreiwilligkeit und Permanenz der Versteifung, sondern zusätzlich der Umstand, dass man auf der Rückbank Knie an Knie saß, mit der Mutter, dem Vater oder Frieders Frau, auf jeden Fall die falsche Verbindung von Gefühlen, falls man von Gefühlen sprechen kann.

Die Wiedergutmachung geschah in Jochens Shiguli, die russische Lizenz eines Fiat, dem geraden und kompakten 124er nachgebaut, die Scheinwerfer wie Vollmond. Der Viertakter lief ruhig, und es war genug Platz darin. Ich saß auf einer Nachtfahrt vorn, die milchgesichtige blonde Corinna hinten, die, nur wenige Jahre jünger als ich, ihr Onkel zweiten Grades, bei mir zärtliche Regungen weckte. Schon als Kind hatte ich den Entschluss gefasst, ein Mädchen aus dem Osten zu heiraten, damit es in den Westen kommen konnte, und so ein blondes milchgesichtiges kam in Betracht, von mir gerettet zu werden. Am Autobahnstadtring hielt Jochen auf dem Seitenstreifen und bat mich, ihm etwas zu reichen, das im Handschuhfach lag. Ich öffnete es, und es war von innen erleuchtet. Neben mir der Cousin am Steuer, der mich von Gleich zu Gleich ansprach, hinten das weiche Kind, das schläfrig uns vertraute, und dann noch das Licht, das aus dem Handschuhfach fiel, der Motor vor sich hinpochend in der Nacht: Da glaubte ich plötzlich, erwachsen zu sein. Der Autobahnabschnitt nannte sich Berliner Ring, angemessener Schauplatz für ein bedeutsames Ereignis.

Es gab drei Reisen in kurzer Zeit, als politische Novität einerseits und verbunden mit Krankheit und Tod der Tante zum anderen. Bei der zweiten war sogar mein Bruder dabei, und die dritte machten meine Eltern allein. Beim ersten Mal, in Pillnitz, glaubte ich, am angestammten Platz der Familie zu sein, was an der Gewissheit des Onkels gelegen haben muss, dem Glanz der weit vorwärts gerichteten Augen in einem übernatürlich leuchtenden Gesicht, das Ganze versehen mit der Aura der Weißhaarigkeit – seine kulturhistorische Suada. Erst langsam begriff ich, dass seine älteren Söhne keine Sachsen waren, die Gärtnerei in Pillnitz nichts anderes als der erste Ort eines Typs von Versammlung, der mir bis dahin unbekannt war, ein Familientreffen, im Zentrum des verwandtschaftlichen

Netzes mein Vater und seine Schwester, die, als sie anfing zu phantasieren, sich am Kyffhäuser glaubte, so dass der Thüringer Wald als etwas per se Verlorenes erschien, für sowohl den Vater als auch seine Schwester; aus unterschiedlichen Gründen. Wenn es nach mir gegangen wäre, hätte der Landstrich, der Vergangenheit bedeutete, von sämtlichen Karten sogleich gelöscht werden können. Ich war verliebt ins Hier und Jetzt, vierzehn und bereit, mich zu begeistern.

Es gab zwei mögliche Modelle, nämlich sich entweder nur für eines zu begeistern oder für alles. Für das singuläre Modell kamen in Frage der Glaube; eine spätere Mitgliedschaft in der RAF; ein offensives Bekenntnis zum Konservatismus oder zu Adolf Hitler. Alle Optionen hatten den Vorteil, eine Unmenge von Leuten gegen mich aufzubringen, was der Begeisterung also ihren Erfolg garantiert hätte. Ich lieh mir von einer Lehrerin die Zeitschrift »Konservativ heute«, deren Artikel ich gähnend vor dem Einschlafen halb las; ich versuchte es mit »Mein Kampf«, fand aber auf Seite fünf, dass es schwierig sein würde, einen Geisteskranken zur obersten Autorität zu wählen. Bei der zweiten Einreise in die DDR, nur Bert und ich, hatten wir beide Bibeln dabei und hofften inständig, deshalb aufgehalten zu werden; die Bibeln wurden gründlich inspiziert, wir durften passieren.

Das multiple Modell war einfacher zu handhaben. So hatte ich sämtliche Theaterstücke von Max Frisch gelesen und sah eine magische Beziehung zum Theater sich anbahnen, nicht für Frisch, sondern was mich selbst betraf. Heinrich Böll war auch gut, nicht ganz so heikel wie die RAF, aber bei meinen Eltern beliebt, was gegen ihn sprach. Ein ernsthafter Kandidat für dauernde Begeisterung war mein eigener Steifer, den ich imposant und makellos fand, im Gegensatz zu meinen Ohren, die zu groß, zu meinem Haaransatz, der zu hoch, meiner Nase, die zu knollenförmig, und meinen Schenkeln, die mir zu schwer waren. Die höhere Sendung für meinen Steifen, also wo er letztlich hinsollte, hatte ich in Pillnitz mit Hilfe eines Kondoms ausprobiert, dessen Haut so dick war wie die eines Luftballons und das kein Reservoir hatte, schmerzhaft. Ich hielt es für möglich, dass diese ganze Angelegenheit überschätzt wurde. Was noch nicht zu den möglichen Quellen der Begeisterung gehörte, war Mischas unablässige abendliche Feier, das Ende des Tages eines Maurers, der auf der Schicht bereits einen Kasten geleert hatte, und nun ging es richtig los. Ich war, nach der ersten Erfahrung, vorsichtig geworden.

Für Mischa gab es nur Kumpel, Bier, Musik, Mädchen, Sport und Arbeit, sortiert nach Wichtigkeit. Wenn wir in der Küche des Wohnhauses der volkseigenen Gärtnerei diskutierten, fiel er in Schweigen oder lief davon. Die älteren Cousins aber waren begeistert, ihren Anschauungen zu Politik und Wirtschaft freien Lauf zu lassen. Sie glaubten, in einem gerechten Staat mit gravierenden Mängeln zu leben, an deren Behebung die frische Regierung Honecker mit wachsendem Erfolg arbeite. Über die Bundesrepublik sprachen sie, als wären sie Korrespondenten in Bonn. In hitzigen Debatten, wir wollten uns näherkommen, einigten wir uns auf Schweden als ideales Land, was umso leichter durchging, als keiner von uns jemals dort gewesen war.

Der Vater hatte nun keine Angst mehr. Er war unterwegs in ein tiefgeschnittenes Tal, an dessen langer Durchfahrt die Häuser und Häuschen aufgereiht waren. Dort öffnete sich eine Tür, und wir wurden gebeten ins Wohnzimmer zweier älterer Eheleute von unwiderstehlicher Freundlichkeit, zurückgeworfen in die Vorzeit der holzgefeuerten Küchen, umwölkt vom Geruch einer Zigarre. In dieser Weise folgten andere Stationen, als wäre das Glasfenster des Wartburgs räumlich geworden und wir hätten nun den altdeutschen Stich als Holo-gramm betreten, steile Schieferdächer und schiefe Schup-pen, bestickte Tischdecken und von Hand bediente Brunnen. Ich sank ein in das Genrebild, blonder als zuvor, staunend über die Perfektion des Improvisierten, das Spiel und die Weichheit der Sprache. Neumünster war weit weg und Einfeld auch, wo meine Eltern Fremde waren; hier nicht.

Ich, betört vom Kolorit, war dennoch nicht ge-neigt, mich der Ahnenforschung zuzuwenden. Wo ich die Augen öffnete, verschloss ich die Ohren, wo ich die Ohren öffnete, verschloss ich die Augen, und wenn ich hörte und sah, verschloss ich mein Herz. Mein Vater war jederzeit bereit, einen Tag seiner Kindheit auszuleuchten, des ge-fallenen Schulkameraden zu gedenken, jedem Onkel sein und jeder Tante ihr Denkmal zuzuweisen im thüringischen Panorama. Mein Hang zur Lethargie aber war unbegründet, denn der Reichtum an Details, in der Landschaft wie in seiner Rede, hatte keinen anderen Grund, als ein Geheimnis zu verbergen, ein Geheimnis, das so offensichtlich war wie Poes von der Decke hängender entwendeter Brief.

Mein Vater, in den Westen getürmt, hatte ein zweites Mal studiert, sich als Erzieher über Wasser gehalten und endlich seinen Platz als Referendar im Schuldienst gefunden; meine Mutter, in Köln geboren, hatte in Gotha Abitur gemacht und war bei nächster Gelegenheit eben-falls geflohen, wo sie, eine junge Ehefrau, ihrer Neigung gemäß bei der Kirche eine Anstellung fand. Sie war Mut-ter geworden, eine Rolle, die sie aus der Sicht des Dritt-geborenen, der ich war, in natürlicher Vorsehung angemessen ausfüllte, inklusive ihrer für mich nützlich werdenden Fähigkeit, Julius Cäsars Latein besser zu verstehen als ich selbst.

So hatte ich mir die Bedeutung des Wortes »Abitur« zurechtgelegt, als lebenslang memoriertes Wissen, ein gut bestückter Werkzeugkoffer der Weltdeutung, und wenn es in unserer Familie über eins keinen Zweifel gab, oder nicht geben sollte, dann über die Bestimmung aller drei Kinder, das Abitur zu machen, eine Vollendung der Menschwerdung, ohne die man den Rest des Lebens kaum würde bestehen können. Irgendwie war mein Vater an der Perfektionierung meiner Mutter selbst beteiligt gewesen, wenn auch unter feindlichen Bedingungen, nämlich als Junglehrer im sozialistischen Staat, als der er meiner Mutter, bevor sie eine war, begegnet war. Dass es sich nicht um irgendeine Schülerin handelte, mochte ich blind glauben, während ich mich mit der literarischen Deutung der Geschichte meiner Eltern als Faust und Gretchen schwertat, jedenfalls nachdem mir klargeworden war, dass Gretchen ihre Schwangerschaft mit dem Kerker büßen musste. Meine Mutter hatte meine Schwester ordnungsgemäß zur Welt gebracht. Zuvor war sie als Schwangere von der Kirche entlassen worden, ein Unrecht, aber eine Tragödie nicht.

Ich kann mich sehr wohl an den Morgen erinnern, ich war dabei, ihn zu verschlafen, als das Radio die Öffnung der deutschen Grenze vermeldete, ich rief die Eltern an, die Tränen der Rührung in meiner Stimme nicht verbergend. Es war, als wäre der Himmel aufgerissen und die ordnende Hand der Geschichte wäre niedergefahren zur Erde, um sämtliche Knoten auf einmal zu lösen. Wäre die Gerechtigkeit der Lebensfilm rückwärts, hätte die Tante wieder in ihrem Pillnitzer Bett liegen müssen, bis auf den Kopf gelähmt, Weihnachten 1989 schon sitzend, zu Ostern gehend, schließlich die Rückkehr von Sachsen nach Thüringen, Thüringen steuerrechtlich vereint mit Hessen (und in Hessen wohne ich); jede Form von Unrecht ungeschehen.

Mir selbst waren keine deutsch-deutschen Verdienste zuzuschreiben. Mit fünfzehn war der Draht abgerissen. Träumend von etwas Bedeutendem, das keine Gestalt annehmen wollte, fuhr ich mein Fahrrad durch die halbtote Industriestadt Neumünster, geschützt von einem apfelsinfarbenen Cape, was jedoch die Fahrerin eines Fords nicht davon abhielt, mich zu übersehen. Das grelle Bündel, das ich war, sechzig Kilo plus Akzeleration, drückte ihr die Frontscheibe ein und blieb dann, nachdem sie die Bremsen doch noch gefunden hatte, in den Scherben auf dem Kopfsteinpflaster liegen. Der Platz hieß Großflecken. In dieser Woche starb die Tante in Pillnitz; die Eltern unterwegs nach Dresden; Mischa war verhaftet worden, ich verstand nicht, warum.

Kaum war die Grenze durchlässig, brachte Frieder die Familie in einem üppigen Lokal in der mitteldeutschen Landschaft zusammen, der Ort sorgsam grenznah gewählt, noch Osten, fast Westen. Mischa, noch immer auf wilde Weise blond, beherrschte die Runde mit seinen tiefblauen Fischaugen, sein Unernst völlig unberührt vom Anlass, dem ersten Mal, dass wir uns als Bürger mit gleichen Grundrechten begegneten. Von vergangenem Unrecht war nur beiläufig die Rede; meine Mutter nuschelte mir ins Ohr, sie würde nun doch auf der Aushändigung des Abiturzeugnisses bestehen.

Und so begann sich zu zeigen, was die DDR gewesen war, nicht für uns, aber für die, die in ihr gelebt hatten: keine Landschaft und kein Land, sondern ein Virus oder ein Geflecht, etwas, das sich in den Körper setzt und ihn zu fressen beginnt. Wo die Augen saßen, wurde DDR, wo das Herz schlug, wurde DDR, wo das Rückgrat gewachsen war, wurde DDR, und so wie die Republik mit einem Mal zurückwich, ihre Gestalt verlor, bis sie nur noch Papier war, so wurden auch die Körper Papier, und man musste anfangen, in Archiven zu lesen und Behörden zu betören, um Seite für Seite vom eigenen Körper wieder, von der Erinnerung daran, von der Erinnerung an das, was er hätte sein können, Besitz zu ergreifen.

Marlene war Jochens Frau, Corinnas Mutter, mit dem Gesicht einer gotischen Madonna. Ich traf sie in einem Haushalt mit Patina in einem Cottbusser Altbau, der ihr und Jochen soeben gekündigt worden war. Marlene war nicht nur ernst, das war sie wohl immer gewesen, sondern melancholisch, wobei das, was sie mir zu sagen hatte, gefasst klang: Man sei damals durch die Umstände an so ein Haus geraten, ohne es erworben zu haben oder für seinen Erhalt aufzukommen, und es sei kein zu hoher Preis für die Rückkehr der privaten Wirtschaft, wenn der Eigentümer sich auf den Wert einer kleinen Stadtvilla mit Garten besinne. Ich überhörte die Implikation, dass Jochen die Deutung des Schicksals nicht teile; die Ehe zerbrach.

Die Treffen wurden fortgesetzt. Das letzte, an dem ich teilnahm, war die große Tafel in Dresden nach Mischas Beerdigung, den sein Vater in der Wohnung tot gefunden hatte. Das vorletzte hatte in einem sächsischen Landgasthaus stattgefunden, die Familie kaum mehr zu erkennen, neue Männer, neue Frauen. Mischa, geschieden, saß leer und mutlos herum, mein Bruder Bert irgendwann neben ihm, eine Stunde, zwei, dann wieder Mischa allein. Ich wollte mich zu ihm setzen, er winkte ab. »Ich habe deinem Bruder alles erzählt«, sagte er. »Was hat er dir erzählt?«, fragte ich Bert später. Er überlegte einen Moment: »Nichts.« »Nichts?« »Eigentlich nichts.«

Ähnlich, befanden wir, war es uns mit den Eltern gegangen, die uns drei Jahrzehnte im Wohnzimmer herumgeführt hatten, um schließlich, noch nicht einmal kleinlaut, auf den Brief zu verweisen, der von der Decke hängt. Die Mutter hatte nicht aus Thüringen ihr Abitur mitgebracht, sondern nichts als das Zeugnis einer zu ihren Ungunsten ausgegangenen Prüfung. Ihre Schwäche in Mathematik hatte man ausgenutzt und ein Versagen im politischen Fach herbeigeführt. Nun betrieb sie deswegen ihre Rehabilitierung.

Der Staat war weg, die Landschaft offen, ich fuhr nach Dessau zum Bauhaus und nach Leipzig in die Oper, und einmal, in Gotha, suchte ich die Straße, in der mein Vater aufgewachsen war. Ärmliche Reihenhäuser standen sich gegenüber an einem schnurgeraden, schmutzigen Weg, jedes hinter sich ein Gärtchen. Ich probierte es mit dem Schloss, dem Schwimmbad, bis ich die Schule sah, eine gewaltige, durchaus freundliche Jugendstilschule, die sich wieder Gymnasium nannte. Der Vater also aus kleinsten Verhältnissen, seine Mutter verwitwet, Nationalsozialismus und Krieg, trifft als junger Mann, sozialistisch gebildeter Lehrer von Beruf, ein fünfzehn Jahre zuvor in Köln geborenes Mädchen, das ihn schätzt, ihm anhängt, nicht von ihm lässt und ihm in den Westen folgt.

Oder so: Dass das kriegsausgelagerte Mädchen mit Freundinnen in eine religiöse Schwärmerei gerät, für die es sogar seine Mutter gewinnen kann. Man wird im kommunistischen Osten nicht bleiben, man erwartet irgendwann die Rückzugserlaubnis aus Köln, aber noch geht das Mädchen auf die Schule, wo es in einem jungen

Geschichtslehrer einen Verbündeten jenseits der Staats-
doktrin zu entdecken meint. Schließlich wechselt er in
den Westen, lässt sie zurück, aber auch seine Schwester
und seine Mutter. Das Mädchen, ums Abitur gebracht,
flieht zu ihm in den Westen; der Lehrer hat genug Mühe
im bundesdeutschen Amt, die Heirat mit einer Neun-
zehnjährigen durchzusetzen, da einigt man sich auf die
Ehrenformel, sie habe Abitur.

Oder: Ein junger Mann, die letzten Jahre seiner
Schulzeit bei der Kriegsmarine, wird durchs Notabitur
geschleust. Seine ältere Schwester, Lehrerin, hat sich ar-
rangiert, sie hat kleine Kinder – Jochen und Frieder –, sie
rät ihm, sich als Junglehrer kurzausbilden zu lassen und
den Weg in die Schule zu nehmen. Er verfällt einer Schülerin, lässt sich mit ihr ein, sie ist minderjährig, er bekommt Angst, sie glaubt an Gott, ganz fest, er flieht in
den Westen, verwirrt, ordnet sich, hält den Kontakt, be-
sinnt sich und versucht es nun noch einmal, sie treffen
sich heimlich in Göttingen. Er glaubt an sie, sie ist ein
kluges Kind; sie wird das Abitur mit Bravour bestehen,
wenn sie in Neumünster eintreffen wird, wo er ein kleines Gehalt bezieht. Sie kommt wirklich, er sagt zu den
Kollegen, sie habe Abitur, deshalb gibt es die Möglichkeit
später nicht mehr, dass sie sich prüfen lässt. Sie fangen
beide an, die Schule zu verehren, die Schulen als Gebäude,
die Klassenzimmer, die Gänge und das Lehrerzimmer; die
Lehrer, die Schüler, den Unterricht und die Ferien. Die
Schule ihres Lebens, begonnen in Thüringen, lebt in ihrer
Ehe fort, Lehrer und Schülerin für immer.

Wir also im Sommer oder Herbst 1973 sitzen im
Zug oder im Auto, fahren zurück in die Vorzeit. Der Vater
zittert, das weiß ich noch, er fürchtet eine Entdeckung.
Oder er fürchtet die Geschichte selbst. Die Sache ist ein-

fach zu groß für ihn. Für die Mutter nicht. Ihre Familie ist längst wieder in Köln. Wir fahren direkt nach Pillnitz, wo die Schwester im Bett liegt und sich Zigaretten reichen lässt, Zug für Zug. Der Bäcker backt braungraue Brötchen, die fünf Pfennige kosten. Die volkseigene Gärtnerei wird mit Braunkohle geheizt, und man riecht es. Die Prager Straße ist weit und zugig, es gibt nicht viel zu kaufen; dies ist die Ruine der Frauenkirche. Der Onkel fährt uns mit seinem Wartburg durch das Land, er zeigt es uns als Land, die Eltern wundern sich über seinen Eifer, aber hören zu, mir ist es egal. Wir reisen von Sachsen nach Thüringen, tiefer in den Wald, hinein ins schmale Tal, das ist Ruhla, hier ist die Zeit stehen geblieben. Die Tante verliert ihren Zeitsinn. An Thüringen denkt man, kurz bevor man stirbt. Ich werde mit meinem Fahrrad überfahren; die Eltern reisen ab zur Beerdigung der Tante.

An Mischas Grab, die Augen seines Vaters noch immer leuchtend wie Fackeln. Jochen, der Frieders Rede heruntergeschluckt, in der dem SED-Staat Schuld gegeben wird an Mischas Schicksal. Frieder, den Tränen nah, aufgebracht, schnell auf mich einredend am Grab, er sagt: Der Prozess gegen Mischa fand ja zum gleichen Termin statt wie die Beerdigung seiner Mutter. Wir mussten uns aufteilen. Das habe ich noch nie gehört, oder ich habe es nicht hören wollen. Selbst habe ich mich gespalten, indem ich die DDR aus meinem Programm gelöscht habe, weder ihren Fortbestand vorhergesehen noch ihr Ende.

Ja, und der Onkel hat recht, es ist eine Landschaft. Ein Zug, in dem ich sitze, fährt durch einen thüringischen Sommer, auf den Weiden ist das Heu gestapelt zu Garben, zu rundlichen Erhebungen, Erntetürmen, wie hundert Jahre zuvor. Ich habe die Akten der Behörde, die die Stasipapiere verwahrt, auf meinem Redaktionsschreibtisch liegen lassen, ein Jahr, und dann doch in den Papierkorb geworfen. Es bleibt also ungeklärt, ob die Band CCR hieß. Oder ob es auch eine Band gab, die CCS hieß, beides, CCR und CCS, aber nicht dasselbe. Unerklärlich, wie der Onkel und die Mutter ins Zimmer schießen und uns ohrfeigen. Doch, wir sollten Rehabilitierung verlangen, Mischa und ich, auf höchster Ebene. Aber erst einmal schlafen wir, denn wir sind müde und trunken, und wir kennen uns erst einen Tag.

Neumünster

Als die Schule zu Ende ging und später, als sie aus war, in diesem Sommer war ich einverstanden mit dieser Stadt. Ich hatte im Frühjahr Sack und Pack in das Auto des Freundes geworfen und war selbst mit meiner Herkules ein letztes Mal von Einfeld durch die Siedlung, über die Bahn hinweg, an den Feldern und Max Bahr vorbei die Kieler Straße südlich gefahren in die Stadt Neumünster, wo wir die Eisenbahnarbeiterwohnung bezogen. Es war nicht buchstäblich das letzte Mal – am selben Abend fuhr ich zurück, um meinen Eltern zu sagen, dass ich ausgezogen war –, aber seit jenem Abend war ich in Einfeld Besucher, was allein schon ein Grund gewesen wäre, um glücklich zu sein. Neumünster war die erste deutsche Stadt, in der ich wohnte, und mir war klar, dass es die übelste gewesen sein würde, oder anders gesagt, dass es nur noch besser kommen konnte, was sich wenig später, als ich nach Heidelberg kam, um zu studieren, als falsch erweisen sollte.

Ich glaubte damals, Neumünster wäre eine Stadt, die fast alles, was sie eigen gemacht hatte, verloren hätte, die Gedrungenheit und Einfachheit der Vorkriegszeit, die Textil- und Lederindustrien. Stattdessen war die Stadt ein Museum ihrer selbst, mit vergessenen Gassen und alten Fabriken aus rotem Backstein, mit einem großen Platz namens Großflecken für die Busse und einem kleineren Platz namens Kleinflecken für den Wochenmarkt, beide verbunden durch eine Hundertmeterfußgängerzone namens Lütjenstraße, an der man den Buchhändler, das Zoo- und Samengeschäft, den Herrenausstatter, einen Betten- und einen Pelzhandel finden konnte. Selbst unsere Eisenbahnarbeiterwohnung lag im dritten Stock eines Siedlungshauses mit einfachen Holzfenstern und Kohleöfen, eines von zwei Dutzend Gebäuden mit traditionellen Dächern, aufgereiht an einer Kopfsteinpflasterstraße ohne Durchgangsverkehr, die am Abend von müden Funzeln beleuchtet wurde wie eine Kulisse für Heimatfilme.

Im Zentrum wohnend, unterwegs mit der Herkules, schien mir die Stadt attraktiv, zumal ich nichts von ihr sah. Ich nahm die Hauptachsen und erreichte jedes Ziel in wenigen Minuten, die Schule und später, als Schichtarbeiter, den Paketumschlag und als letztes Ziel der alten Ordnung eine gelbe Backsteinkirche von spätbarockem Trotz, die sich in die Arbeiterstadt verirrt hatte. Dort übte ein Chor Standardwerke geistlicher Musik, chronisch überbesetzt mit Frauen- und unterbesetzt bei den Männerstimmen. Ich hatte die Absicht, den Chor und die Stadt und Anja bald zu verlassen. Die Stadt zu verlassen war einfach, weil es niemand anders erwartet hätte; den Chor schwerer, weil ich einer von drei Tenören war. Und Anja konnte ich nicht wirklich verlassen, weil es eigentlich nichts gab, was uns verband außer seltenen Begegnungen des Blicks, dem schmerzlichen Rest eines kurzen Versuchs zwei Jahre zuvor, das Bett zu teilen und ein Gesprächsthema zu finden. Der Versuch war nicht geglückt.

Ebendiese, die älteste und prächtigste Kirche lag in einem grünen Winkel jenseits der Mühle der Gebrüder Thode, so dass sie zur Verschönerung des Stadtbilds oder Klärung von Perspektiven nicht beitragen konnte. Wie verwunschen lag sie in der Biegung eines Flüsschens, das Schwale hieß und auch so aussah, und die Brücke, sieben Kilometer vom Einfelder Elternhaus und dreihundert Meter vor der Schule, war für mich der einzige Ort gewesen, der den Aufwand der Reise in die Stadt Neumünster rechtfertigte. Die Brücke verband die backsteingelbe Kirche mit den backsteinroten Fabriken, schwere, gerade Gebäude, in der Höhe durch einen Gang verbunden, die man durchschritt wie eine Burg. In einem verwilderten Garten lag eine vergessene Industriellenvilla. Nicht einer von tausend Schülern teilte mit mir diesen Weg. Ich kannte anfangs niemanden, der in Vicelin getauft worden war oder dort sang; ich kannte niemanden, der in den Fabriken Arbeit hatte. Fünf Minuten vor acht – also oft noch bei Dunkelheit und Nebel – war ich mit dem Rätsel meiner Stadt allein.

Der Rückweg vom Jungengymnasium fand als Gruppenwanderung statt, dreißig im Klassenzimmer, aufgelöst in Pulks von fünfen, vieren, dreien, das waren wir: Thorwald, Ralph und ich. Wir gingen, Thorwald in der Mitte, die Altonaer Straße hinauf, deren Kopfsteinpflaster unter den Reifen der Autos sang und schrie. Wir schrieen darüber weg, lösten dabei die Schwierigkeiten der sozialliberalen Koalition und erreichten bald den Großflecken, die mandelförmige Anlage einer Straße, in deren Kern der Busbahnhof aufgehoben war. Ralph war bereits am Rathaus abgebogen, während ich den Bus hätte nehmen sollen, an dem »Einfeld Siedlung« stand. Der Bus kreuzte auf der Ost-West-Achse zum Bahnhofsvorplatz, lud weitere Passagiere zu, fuhr hundert Meter zurück und bog dann nördlich in die Kieler Straße ein. Dass der Bus gleich an der Anscharstraße halten musste, kaum dass er dabei war, die Innenstadt zu verlassen, lag an mir, der ich allein an der Haltestelle stand. Der Fußweg vom Großflecken zur Anscharstraße betrug weniger als einen Kilometer und dauerte eine halbe, eine dreiviertel, manch-

mal eine ganze Stunde, was unserem Aufenthalt im Anscharkirchhof geschuldet war.

Der Anscharkirchhof war nicht viel mehr als
ein tiefgrüner Rasen unter Bäumen, auf drei Seiten um-
baut und auf der vierten Seite abgeschottet von der roten
Backsteinkirche selbst. Bevor wir durch eine schmale
schmuddelige Gasse aus dem Getümmel von Radfahrern
und Passanten in den stillen Kirchhof abtauchten, rief
Thorwald »Alle Augen nach links!«, weil auf der rechten
Seite die Aushänge eines einschlägigen Kinos zu sehen
waren. Die Barbusigen als letzter Gruß der Stadt, dann
waren wir allein wie Mönche, zum Stehen gekommen
vor der schweren hölzernen Eingangstür eines Backstein-
baus, dessen altertümliche Fenster auf uns herabsahen
wie Spielkarten.

Thorwald, den Schulranzen schon abgestellt im
steinernen Rahmen der Tür, stand neben mir und deutete
mit ausführlichen Gesten das Gesagte, durchsetzt von
Konjunktionen wie »sintemalen« und »alldieweil«. So
gingen die Jahre vorbei, unsere Gespräche über den Gerechten Krieg, die Jungfräulichkeit und die Zerstörung
der Natur, abgezirkelt in These, Verteidigung und Gegenrede bis ein Uhr fünfundvierzig auf meiner Kienzle, das
waren zwei Minuten bis zum Halt des Busses nach »Einfeld
Siedlung«, den ich also an der Anscharstraße rennend erreichte, das Herz pochend und der Kopf ratternd wie ein
Automat, bis der schnaufende Dieselmotor mich aus der
Stadt Neumünster – vorbei an einer Enfilade von Häusern,
die aussahen wie ihre eigenen Modelle – hinausgetragen
hatte aufs freie Feld.

Thorwald, ein bleicher Junge mit kantigen
Schultern, war am ersten Tag des Gymnasiums in geheimer
Wahl zum Klassensprecher gewählt worden. Er lernte

ohne Mühe die Grammatiken des Deutschen, des Englischen und des Lateinischen, tat sich nicht schwer mit der
Mathematik, sang sanft und richtig und war im Hundert-
meterlauf unter den drei Schnellsten. Er war kein Freund
des Abschreibens, aber verhinderte es auch nicht; er war
nicht sehr geschickt im Ballspiel, aber lief immer mit; nie
wurde er gekränkt, geschmäht oder verhöhnt, nicht von
Lehrern, nicht von Schülern. In der siebten Klasse unter-
lag er in der Wahl des Sprechers einem beliebten Fußball-
spieler; es schien ihn nicht zu berühren. Rechts und links
von ihm saßen ehrgeizige Schüler aus konservativen Eltern-
häusern, es färbte nicht auf ihn ab. Bevor er sich mit dem
Falschen verbündet hätte, wäre er allein geblieben. Aber
er blieb nicht allein, weil er, wenn er wollte, für die
schwierigen Dinge einfache Worte fand. Sogar im Platt-
deutschen war er flüssig. Er konnte die Augenbrauen hoch-
ziehen, so dass sich auf seiner Stirn Querfalten zeigten,
die die Funktion von Anführungsstrichen hatten. Ihm
entging keine Derbheit, aber er tat so, als ob.

Die Kieler Straße muss man sich vorstellen wie
einen Besenstiel und die Stadt Neumünster als den Mopp,
der darauf sitzt. Aus der Siedlung kommend, fuhr man
also viele Kilometer geradeaus, bis die Kieler Straße ab-
rupt endete mit der Möglichkeit, rechts oder links abzubiegen. Ich verbrachte, als ich mit dem Fahrrad zu pendeln begann, so viel Zeit wie möglich in dieser Stadt, zum
einen, weil es anstrengend gewesen war, dorthin zu kommen, zum anderen, weil es lange dauern würde, nach
Hause zurückzukehren. Am liebsten hätte ich mich mit
meinem apfelsinfarben leuchtenden Regencape mitten
auf den Großflecken gestellt und gewartet, dass die Zeit
vorbeiginge. Eine mögliche Station, weil es eben Gründe
braucht, um zu verweilen, war der geschützte Eingang zu

einem Poster- und Rahmengeschäft, später »-shop«, wo ich die Frisuren von Ludwig van Beethoven und Angela Davis studierte. Aber auch eine frische Dekoration konnte nichts daran ändern, dass ich den Weg nach Einfeld noch vor mir hatte, der sich am Mittag auf eine Dreiviertelstunde dehnte, zumal der Rest von Kraft in einem reziproken Verhältnis stand zur Strecke, die einer Steigerung von Enttäuschungen gleichkam.

Aus der Stadt kommend, war der erste Abschnitt des Besenstiels gesäumt von Stadthäusern auf beiden Seiten. Nach den Bahngleisen folgte das Eisenbahnausbesserungswerk. Danach wurde die Bebauung löchrig und flach, ein Wechsel von Werkstätten, Lagern, Tankstellen und Einfamilienhäusern, schließlich das gelbe Ortsschild, die Bundesstraße 4 nur noch gerahmt von Knicks – so nannte man die aufgeworfenen Heckenanlagen am Feldrand. Die Fahrradwege rechts und links der Straße waren ungepflastert, bei Regen aufgeweicht, ein Parcours von Pfützen und schlammigen Inseln, ich müde über den Lenker gebeugt, verschwitzt, den Regen im Gesicht und mit schlammigem Schuhwerk.

Schicksal war es, dass am frühen Morgen oftmals ein Süd-, Südwest-, Südost-, Ost- oder Westwind blies, also nichts, was bei der Südfahrt nutzen konnte, während sich am Mittag der Wind gedreht hatte und also nochmals dem Fahrradpendler entgegen stand. Schließlich bog ich ein in die Siedlung, noch einen Kilometer bis zum Elternhaus vor mir, ein Gefühl der Erleichterung verbunden mit der schalen Einsicht, für den Rest des Tags von der Stadt abgeschnitten zu sein.

Die Gespräche mit Thorwald im Anscharkirchhof, zuerst nur gelegentlich und dann täglich, dienten also zum Aufschub des Abschieds von der Stadt. Ich saß auf dem Gepäckträger meines Fahrrads, das ich abwechselnd am Sattel festhielt, als sei er ein Höcker, oder mit gestreckten Armen am Lenker wie den Zaum eines Pferdes, bis die Haushälterin die Eingangstür öffnete und Thorwald zum Essen rief. Als Wissenskanone und Spaßmacher beliebt auf dem Schulhof, war er nie bereit, sich mit Ralph und mir abzuschotten, und waren wir doch zu dritt, gab er mir kein Zeichen besonderer Vertrautheit. Der gemeinsame Weg jedoch führte immer wieder zum Zweiersymposion im Anscharkirchhof, eine Freundschaft auf der Schwelle zum Geheimen.

Wir sangen beide im namenlosen Chor der Jungenschule. Mir fiel es nicht leicht, die Tonfolge zu memorieren. Thorwald musste das nicht lernen, für ihn waren Noten Töne. Eine Woche im Herbst wurden die Sänger von der Schule freigestellt, um in einem Jugendheim an der Ostsee ein Oratorium zu proben. Fern von der Schulklasse, Thorwald ein Kind unter vielen, trugen wir das Symposion an den Ostseestrand, bei Wind und bei Dunkelheit, und gingen, als die Jüngsten, die wir waren, früher ins Bett als die anderen. Da lagen sie in einem Etagenbett, die zwei Soprane, und hielten sich bei den Händen. Ich weiß nicht, was schwerer wog, einen Arm auf Dauer nach oben zu strecken oder ihn herabhängen zu lassen, aber der Preis war zu entrichten für das neue Gemeinsame, während das Gespräch weiterging, bis man die anderen im Flur kommen hörte.

Hinter der schweren hölzernen Haustür am Anscharkirchhof lag ein kahles Vestibül mit einer Tür zu einem Amtszimmer. Die Dienstwohnung, durch eine weitere Tür geschützt, war um einen Flur gebaut, verbunden mit dem ersten Stock durch eine weit ausladende Treppe. Oben waren weiß gestrichene Türen regelmäßig angeordnet wie in einer Herberge, ohne die Namen ihrer Bewohner, Postkarten, Plakate oder sonstigen Schmuck. Thorwalds Zimmer, steinerner Boden, war möbliert mit einem eisernen Bett, einem großen dunklen Schrank und einem hölzernen Tisch, der frei stand mit mehreren Stühlen; kein Signal von Kleinmöbelindustrie; kein Teppich; kein Plattenspieler.

Die Aussicht durch die gesprossten Fenster ging hinaus auf den grünen Kirchhof und die mächtige Backsteinkirche selbst, in der sein Vater gelegentlich den Gottesdienst abhielt. Er war der Vorgesetzte aller örtlichen Pastoren. Keine Berufsbezeichnung hätte dem rundlichen Mann, väterlich, unerschütterlich und angeweht von einem unerklärlichen Amüsement, besser gestanden als Probst, was er war. Mit einer schwäbischen Pietistin hatte er fünf oder sieben Kinder gezeugt, die alle bleich waren, eloquent und ihr seltsames Spiel mit den Augenbrauen trieben. Sie hatten ihren Spaß, verstummten, einer sprach das Tischgebet, dann hatten sie wieder ihren Spaß.

Das Pfarrhaus war nur der äußerste Teil einer Flucht von Gebäuden, die auf den Anscharkirchhof hinaussahen. Manchmal hörte man das Brausen des Verkehrs, denn schließlich war der Anscharkirchhof gerahmt von schwer befahrenen Innenstadtstraßen, aber das Brausen war fern und abstrakt und gab bald nach zugunsten der Stille, unterbrochen von Vogelstimmen. Das waren die Rufe von Sperlingen, Amseln, Finken, Meisen und Kanarienvögeln, diese nicht in den ausladenden Laubbäumen des Kirchhofs, sondern in der Voliere, die sich Thorwald gebaut hatte, nicht fern der Küchentür im Garten des Hauses, wo er auch seine Staudenbeete bestellte. Er war der einzige Nutzer dieses Innenstadtgartens. Gartenmöbel gab es nicht.

Mir reichte es zu beobachten, dass die Bäume im Frühjahr trieben und im Herbst ihre Blätter verloren. Für Thorwald jedoch war die Natur ein Spektakel, das sein Wissen herausforderte. Während er Biologie, Physik und Mathematik in sich aufsaugte, wurde er nicht, wie die anderen Jungen, denen das lag, ein technokratischer Charakter. Es öffnete ihm die Augen. Er konnte Frösche und Kröten im Frühstadium unterscheiden, Apfel- von Birnenblüten, Adhäsion und Kohäsion, Spannung und Leistung. Wo für mich das Unsichtbare begann, erschien ihm die Welt nach Regeln, die er erkannte, wohlgeordnet.

Um in das Brachenfelder Gehölz zu gelangen oder in den Tierpark, schwang er sein rechtes Bein über den Sattel eines schwarzen Fahrrads, dessen linkes Pedal er zuvor auf Zweidrittelhöhe in Bereitschaft gebracht hatte. Während er sein rechtes Bein also gestreckt über den Sattel schwang, hatte er mit dem linken das Fahrrad bereits in Bewegung gesetzt. Es gibt mehrere Methoden, sich auf ein Rad zu schwingen, aber Thorwald machte das so, als hätte er den Vorgang in einer Gebrauchsanleitung studiert. Das Fahrrad, offensichtlich sein erstes, hatte er für hundertundacht Mark beim Fahrrad- und Elektrohandel Brinkmann am Großflecken gekauft, das einfachste Modell in der 28er-Größe, also für Erwachsene, das es gab. Es hatte, wie Thorwald herauskehrte, alles, was man brauchte: Bremse, Licht, Klingel, Pumpe, Kettenschutz und Werkzeugtasche. Er ließ sich nicht beirren durch den Einwand, ein Fahrrad ohne Gangschaltung sei eine mühevolle Sache, denn das war nur ein Mangel an Bequemlichkeit, leicht wettgemacht durch eigene Anstrengung. In der Tat aber fuhr er langsamer als die anderen, aufrecht wie ein Kutscher. Das Vorderrad, mit seiner schwarzen Gabel, war weit vorgelegt. Wenn ich dabei nicht an Stummfilme dachte, dann nur, weil ich keine kannte.

Kaum einer an der Jungenschule hätte das überstanden. Thorwald aber gab dem Ärmlichen und Altertümlichen die Würde des Verzichts. Im Winter war es mir gelungen, ihn an den Einfelder See herauszulocken, wo er seine Schlittschuhe auspackte: stählerne Kufen, die er mit einem Vierkantschlüssel an den Sohlen seiner Winterstiefel festschraubte. Wir, Niklas und ich, standen da in unseren Eiskunstlaufschuhen, schwarze er und weiße ich, denn ich hatte mein Paar von der Schwester geerbt.

Niklas war Nachzügler einer Familie, der es an nichts fehlte. Das Haus stand am See oberhalb einer der stilleren Buchten, ein steiles Dach, weiße Fenster, durch einen verwilderten Obstgarten vor Blicken geschützt. Ich war blond, aber Niklas war dänischblond, ein Junge mit einer Stupsnase und einem leuchtenden Mund, als wäre er aus der Zwieback-Verpackung gesprungen. Er kletterte auf Bäume und spielte Klavier, er trug Janker und kurze Lederhosen und Haferlschuhe. Ein Hinterkopf wie ein Apfel. Sein Haar fiel ihm in die Stirn, damit er es mit einem strahlenden Lächeln zur Seite werfen konnte. Sein sonniges Gemüt stand im Gegensatz zur Melancholie der älteren Herrschaften, bei denen er wohnte, die seine Eltern waren. Er war ihre Wonne und er wusste es.

Das winterliche Treffen unterhalb von Niklas' Haus hatte ich mit Eifer eingefädelt, so dass wir drei und nur wir drei zusammenkamen an einem Tag, an dem das Eis trug. Thorwald war klug, und Niklas war schön. Weil ich die Jahre der Grundschule ohne Freundschaft geblieben war, im Schatten meines großmütigen Bruders, war ich nun froh, zwei Klassenkameraden zu haben, die meine Gesellschaft zu schätzen schienen.

Die Winterspiele von Sapporo hatten meine Begeisterung für einen holländischen Eisschnellläufer entfacht,

dessen weit ausgreifende Beinarbeit bei stark vorgewinkel-
tem Oberkörper ich nachzuahmen trachtete. Ohne jede Vor-
sicht lenkte ich die Aufmerksamkeit der Kameraden auf den
Stil des holländischen Vorbilds, indem ich preisgab, was ich
von ihm zu lernen hoffte, und dies gleichzeitig vor ihren
Augen übte. Die Kameraden glaubten darin eine unver-
zeihliche Angeberei zu entdecken und ließen es mich wissen. Bevor wir ein Trio werden konnten, hatten sie mich
gebrandmarkt. Es war mein erster und letzter Versuch,
den Einfelder See mit dem Anscharkirchhof zu verbinden.
Von klug und schön aber wollte ich nicht lassen.

Schön waren die braunen Augen von Hans-
Peter, Bernds Po und Günters kupfernes Glied. Wie merkwürdig, der rothaarige Klassenclown hatte dieses Ding,
das aussah wie auf dem Sprung; Ergebnis meiner Studien
im Umkleideraum der Schwimmhalle. Niemand aber erreichte Niklas mit seinen apfelroten Wangen und seinem
ausrasierten Nacken. Er hatte sich plötzlich von mir ab-
gewandt, ja, er war mein Feind geworden, einer, der mit
messingtönender Stimme meine Schwächen ausrief.

Meine erste Schwäche: Dass ich Kind eines
Lehrers war, aber das war Niklas auch. Meine zweite
Schwäche: Dass mein Vater bis vor kurzem am Jungengymnasium unterrichtet hatte. Und meine dritte Schwäche
war, dass die Sekretärin, Freundin meiner Eltern, mir in
der ersten Schulwoche im Gang über die Haare strich. Ich
hätte mich, wie ein Pferd, das ausschlägt, befreien müssen,
aber ich wusste nicht, was es war, woraus ich mich befreien
musste. Meine Eltern hatten mich dorthin geschickt, um
die Schule zu bewundern, nicht diese Schule im Beson-
deren, sondern die Schule im Allgemeinen. Ich brauchte
vier Jahre, um herauszufinden, dass mir nichts anderes
übrig blieb, als mein Unbehagen offenzulegen, und als

ich so weit war, beerbte ich für einige fiebrige Monate den Klassenclown, nicht was das Glied betraf, sondern die Show. Mit fünfzehn verließ ich diese Schule und tauschte sie gegen eine andere. Da waren Freunde, die Gitarre spielten, und Mädchen, die Zigaretten rauchten. Den Anscharkirchhof verschloss ich in meinem Herzen.

Mit siebzehn, zurückgekehrt aus dem staubigen Südwesten der Vereinigten Staaten, flüchtete ich in die Lasterhöhlen der Stadt Neumünster, für den Taggebrauch der Postkeller und für die Nacht das Past Ten. Was in Amerika verboten war, war hier erlaubt oder wurde jedenfalls übersehen, wie die trunkenen Fahrten mit dem motorisierten Fahrrad. Die Stadt war ins Flachland geduckt und schmuddelig beschildert und zahnlückig bebaut, aber ich war nun, der ich ein Schuljahr verschenkt hatte, zum ersten Mal unter Jungen meines Alters, und unter Mädchen.

Aber ich war zu alt für die Rückkehr ins Elternhaus. An einem Sommernachmittag hatten sie, der Vater und die Mutter jeweils auf einer Liege und mit Sonnenbrillen, sich auf dem Rasen hinter dem Haus in die Nachmittagssonne gelegt. Diese Szene beobachtete ich aus dem Schatten meines Zimmers, dessen großes Fenster auf den Rasen hinausschaute. Und auch wenn ich mir, nach den Regeln der Blende, mit Gewissheit sagen konnte, dass sie durch ihre Sonnenbrillen ins Dunkel meines Zimmers nicht sehen konnten, ergriff mich in meinem Zimmer eine Lähmung. Erst die Beine, dann die Arme, dann die Schläfe, der Gaumen und die Brust. Ich hätte etwas tun müssen, um meine Lage zu ändern. Ich hätte mit den Eltern sprechen können, dann hätten sie mich vielleicht für paranoid gehalten. Ich hätte in die Kornfelder fahren können, um allein zu sein, oder nach Neumünster, aber jede Flucht schien mir programmiert auf die Rückkehr in eine unveränderte Lage. So saß ich da und betrachtete meine Eltern und erwartete den Herzstillstand. Ich hatte ohnehin schon daran gedacht, mir das Leben zu nehmen, Kopf ab von einem rasenden Zug.

Der Bahnstrecke war der Aufstieg zur industriellen Mittelstadt geschuldet. Sie teilte Neumünster, so wie Städte durch Flüsse geteilt werden. Alles, was von Bedeutung war, lag auf der Ostseite: der Groß- und der Kleinflecken, Karstadt und Hertie, der Teich und Rencks Park, das Rathaus und der Bahnhof, die Brauerei und die AEG, das Krankenhaus und das Gefängnis, das Mädchen- und das Jungengymnasium, Anschar und Vicelin. Dennoch, oder deshalb, hatten sich vermögende Bürger ihre Backsteinvillen westlich der Bahn bauen lassen, wo sie an baumgesäumten Straßen vor sich hinschlummerten. Dieser westliche Altstadtkern war nach dem Krieg durch Einzelhäuser, Reihenhäuser und blockartige Siedlungen gewachsen, eine Peripherie, gekrönt durch die Gründung des dritten Gymnasiums im Jahr 1956, das erste für Jungen und Mädchen zugleich. Es war eine Anlage, in der schon der dreistöckige Bau als Turm bezeichnet wurde. Alles, was ein Gymnasium ehrwürdig macht, war abwesend. Falls die Alteingesessenen stolzer waren als die Flüchtlingskinder, ließen sie es sich nicht anmerken. Hier traf ich meine Geschwister wieder, die sich ebenfalls von den Traditionsschulen abgemeldet hatten, und die Pieksbine aus der ersten Klasse, auch wenn sie jetzt nicht mehr piekste.

Weil, Zufall oder nicht, auch Einfeld westlich der Bahnlinie lag, ergab sich ein gänzlich neuer Schulweg, vorbei an den Feldern, am Autoschrottplatz, an den neuen Bürobauten lokaler Bauunternehmer bis zu der gelben Kugel, auf der stand: »Ich bin zwei Öltanks«. Dort begann ein Geflecht von Ausfallstraßen und Überführungen, der

Anschluss an die Autobahn, die nun Flensburg und das Südufer der Elbe verband. Von betongefassten Radwegen aus konnte man die Gleisanlagen sehen, den Stadtwald, den Dunst am Horizont. Unten stand die Holstenhalle, Ausrichter berühmter Messen wie der für Bau- und Landmaschinen. Es gab Brachflächen und Trampelpfade, eine Abkürzung durch den Forst, einen Parkplatz vor dem Schwimmbad und dann tauchte man ein in die rote Siedlung, die Schule schon nah. Zuerst hatte ich eine Peugeot 103, ein rotes Höllending, dann die behäbigere Zündapp in Gold und schließlich die Herkules, schwerer als die Peugeot und klüger konstruiert als die Zündapp. Die Herkules ließ mich nie mehr im Stich. Ich brach programmatisch zu spät auf, um genötigt zu sein, sieben Kilometer in dreizehn Minuten hinter mich zu bringen. Das war – bei Regen, Schnee und Raureif – nicht immer möglich. Ich hatte wenig Verständnis für Ermahnungen im Klassenzimmer: War dies die Art, mit einem Moto-Cross-Helden umzugehen?

Als ich ein Mädchen ausgemacht hatte, das mir gefiel, schrieb ich ihm einen Brief, in dem das stand, wenn auch mit anderen Worten. Ich versteckte ihn, wenn ich mich recht erinnere, in seiner Manteltasche. Am nächsten Tag, oder am übernächsten, übergab es mir einen Brief, selbst und von anderen ungesehen, in dem es mich wissen ließ, wann ich bei ihm zu Hause erscheinen sollte. Ich erwachte in jenen Tagen früh und glücklich. Am genannten Abend nahm ich meine Zündapp, deren Antriebskette vor der AEG ablief. Da hatte ich dreierlei Eingebungen. Die erste war, die Kette nicht anzufassen. Die zweite war, nicht geizig zu sein. Die dritte war überflüssig. Ich sagte dem Taxifahrer, wo er mich absetzen sollte, und ging dann über zwei Ecken zu Fuß. Als hätte sich ein Neumünsteraner

Taxifahrer für den Bettkalender eines Schulmädchens interessiert.

Anja war, das lässt sich im Nachhinein sagen, eine Frau als Mädchen verkleidet. Sie trug gestreifte Blusen und Pullover mit Zopfmotiven und Bügelfaltenhosen. Sie umgab sich mit biederen Freundinnen. Sie war im Unterricht gerade präsent genug, um nicht als Träumerin zu gelten. Sie trug ihr braunes Haar offen, sie warf einem plötzlich leuchtende Blicke zu, sie hatte einen verschmitzten Zug um den Mund. Sie glitt durch die Schule; die Schule zählte nicht.

Anja war eine Frau, die ihre Wochenenden mit einem Bundeswehrsoldaten verbrachte. Sie hortete Liebesbriefe in einem Schuhkarton. Sie war groß und hatte feste Schultern und einen empfindlichen Nacken und energische Füße. Sie sang Sopran, aber ihr Lachen war Alt. Sie zog mich in ihr Zimmer und fing ohne Erklärung an sich zu entkleiden. Des Ottokatalogs entledigt, war sie eine Schönheit. Und Modigliani hatte recht, die Augen nicht auszumalen.

Ich besuchte sie auf der Empore ihrer Kirche, wenn ihre Übungsstunden zu Ende gingen. Es war schummrig. Sie saß gerade auf der Bank und fegte mit den Enden ihrer vier Extremitäten über drei Ebenen von Tastaturen plus Register. Die Akkorde bliesen über sie hinweg wie ein Wind. Das wäre es gewesen, Anja nackt mit fliegenden kastanienbraunen Haaren, Helnwein, als Plattencover für Procol Harum.

Zur Chorprobe war die Vicelinkirche erleuchtet am Ende jener Sackgasse, die mit Kopfsteinpflaster ausgelegt ist. Ich fuhr nie mehr über die Schwalebrücke, so dass mir entging, wie die Fabriken dahinter stillgelegt wurden. Auf dem Fahrrad unterwegs zum Jungengymnasium, kurz vor acht am Morgen, bei Sprühregen, hatte ich es noch gesehen, das alte Neumünster, eine gediegene, geschäftige Stadt, deren Häuser sich unterhakten, um nicht fortgeweht zu werden.

Gewiss roch ich nach Jungenliebe; und Anja hat mich bald fallenlassen. Zwei Jahre habe ich sie gesehen, in der Schule und im Chor, meine liebliche Erinnerung, aufgespießt wie ein Schmetterling. Manchmal traf ich Thorwald. Wir sprachen noch immer in der Zunge des Bekenntnisses, so als steckten wir unter einer Decke.

Ich weiß bis heute nicht, wie es gekommen ist, dass ich mir selbst nach dem Leben trachtete in dem Moment, in dem es seine süße Seite zeigte. Ich dachte, dass alles zu Ende gehe, und gleichzeitig, dass alles gelingen werde; das eine wusste nicht vom anderen. René und ich waren nun Bewohner der Eisenbahnersiedlung, ich schlief neben einem Kohleofen unter dem Dach, verdiente etwas Geld, raste mit meiner Herkules durch die Stadt. Ich wartete auf das Ende der Schule oder auf die Erlösung. Beides kam zugleich. Eine Verabredung, trunken, heimlich, Anja bei mir in der Dachkammer: Ende Anscharkirchhof, für immer Vicelin. Sie hat dann geheiratet und sich dort niedergelassen, am zerzausten Stadtrand einer aufgelassenen Stadt, deren Namen keinen Klang mehr hat, etwas Blasses und Hohles. Aber er bleibt immer bei mir, tätowiert in das Dokument, das ich dem Uniformierten reiche. Neumünster ist überall.

Orschel-Hagen

Schwaben war Märchenland, mit Burgen und gewundenen Straßen und Rathäusern aus Fachwerk. Städte hießen dort nicht Plön und Wrist, sondern Nürtingen und Urach. Und weil nicht alle neben dem Fachwerkrathaus wohnen konnten oder oberhalb des Schwimmbads, hatte man Orschel-Hagen gebaut, die Ringstraße, die Siedlungsstraßen, die davon abzweigten und als Sackgassen endeten, mit gerade geschnittenen Häuserblocks, deren Fenster verdutzt auf die Rückseite des Gleichen schauten.

Vor dem Haus meiner Tante stand eine gelbe Zelle mit einer schweren Tür, beleuchtet, für Menschen, die zu Haus kein Telefon hatten. Manchmal bildete sich davor eine Schlange von drei Leuten. Aber telefoniert wurde immer allein. Meine Tante sah aus dem vierten Stock hinunter und amüsierte sich, und zwar deshalb, weil die Menschen gestikulierten: Sie beschrieben mit der freien Hand fliegende Pfeile und sich schließende Kreise, und gelegentlich warf die Hand etwas von sich. Meine Tante fand das unaussprechlich komisch. Denn: Wozu gestikulieren, wenn doch der Mensch am anderen Ende der Leitung nichts davon sehen konnte?

Obwohl nicht sie die Schwester meines Vaters, sondern die Frau des Bruders meines Vaters war, galt unser Besuch eher der Tante als dem Onkel, oder anders gesagt, ließ sie sich besuchen, der Onkel nur bedingt. Nicht dass er nicht sprach, aber vielleicht doch eher mit sich selbst, zum Beispiel beim Schachspiel, wenn er jeden meiner Züge kommentierte, »Das kann man machen«, zweimal oder dreimal, was ich die Ursache dafür hielt, dass ich immer wieder verlor. Die Tante nuschelte nicht in sich hinein, sondern posaunte alles, was sie dachte, laut heraus, ihre Feststellungen klangen wie Fragen, und der Ton der Niedlichkeit stach direkt in das Herz der jüngst Alphabetisierten, die wir waren; vor allem die Mitteilung, die dieser Ton barg, dass nämlich alles, was Kinder taten, recht war, und wenn es nicht recht war, dann bestimmt keine Absicht.

Tante Uschi war Kindergärtnerin von Beruf, und weil die schwäbischen Ferien nicht die holsteinischen waren, nahm sie Bert und mich mit in den Kindergarten, am Rand der Siedlung, groß und freundlich. Bert und ich waren dem Einfelder Kindergarten nach Wochen oder Tagen entkommen, wir waren geflüchtet an die Rock- zipfel meiner Mutter. Eine einzige Erinnerung teilten wir, die Bestrafung eines Mädchens namens Steffi, das in die Hosen gemacht hatte; die zufällige oder erschlichene Zeugenschaft ihrer Entblößung und Erniedrigung. In Orschel-Hagen, der merkwürdige Name für mich unter- gründig verbunden mit dem Namen der Tante, waren wir im Kindergarten nun wie Fürsten im Volkstheater, wir sahen uns das an und wir ließen uns sehen. Eine Neigung, die uns bis an die Grenze unseres Erwachsenenlebens begleiten sollte, war die, das gleiche Mädchen zu bevor- zugen, das hier natürlich schwäbisch-dunkel war, selbst- bewusst, und zudem allein nach Hause ging. Seine Eltern wohnten außerhalb der Blockanlagen in einem Haus für sich, ein riesiges Fenster zum Garten, das plötzlich von einem ohrenbetäubenden Schlag erschüttert wurde, was sie nicht wunderte, da habe ein Düsenjäger die Schall- mauer durchbrochen. Sie hieß Katrin Sturm. Wir waren allein mit ihr in dem großen Haus. Sie war fünf oder sechs. Wir wunderten uns sehr.

Am helllichten Vormittag zogen wir los, Bert und ich, mit einem riesigen leeren Korb, auf dem Rückweg gefüllt mit Laugenbrezeln, ein Wort, das mir nach Chemie zu riechen schien, in grobem Missverhältnis zur Pracht der Objekte. Wir verstanden bei weitem nicht alles, was gesprochen wurde, langsam erst gewöhnte man sich dran, gibsch: gibst, g'räknett: geregnet, versorge: aufräumen.

Als Kind fragt man nicht nach der Verwandtschaft, nach dem Kreatürlichen, das sie verbindet, und den Interessen, die sie trennen. Jedenfalls waren Bert und ich, die Eltern wer-weiß-wo unterwegs im Märchenland, gut aufgehoben bei dem Onkel mit dem schmalen Gesicht und den Fußballerbeinen, der Berts Vater hätte sein können, und der Tante mit dem breiten Gesicht und den Kulleraugen, die große Ausgabe eines Kindes, und der Cousine Gundula, sonnig und fragil, lachend, ohne recht zu wissen warum. Sie war älter als wir, so dass wir doppelt beschützt waren, und an der Peripherie – genaugenommen in der Siedlung niedriger Trakte mit Anderthalbzimmerwohnungen und Terrasse zweihundert Meter weiter – wohnte die Gotha-Oma, von der die Tante ihre Knollennase haben musste, auch wenn das nicht sein konnte. Es gab unwiderlegliche erste Eindrücke. Auf einem Klingelschild im Mietshaus der Tante stand »Netzer«. Auch nachdem mir versichert worden war, es bestehe keine Verwandtschaft zum Fußballer, änderte sich für mich nichts, für mich wohnte Günter Netzer im selben Haus, auch wenn er wegen seiner Vereinsverpflichtungen in der Regel nicht anzutreffen war, eigentlich nie.

Die Tage waren gerahmt vom Lauf der Sonne, sie waren lang und flossen ineinander, der eine Sommer verband sich mit dem anderen, Orschel-Hagen war immer gleich, mit Ausnahme der silbernen Kirche, die man plötzlich auf der anderen Seite des Rings errichtet hatte, ein wildes Etwas, soeben gelandet, von innen hölzern und licht. Sie war immer offen. Immer wieder kamen Bert und ich dorthin zurück, denn die Kirche hatte alles, was die Siedlung nicht hatte, sie barg einen lebendig gewordenen Gedanken, verlängert in die Zukunft.

Unsere Wege waren, im Vergleich, verlangsamt, weil wir keine Fahrräder hatten. Fünf Minuten zur Oma, zehn Minuten zum Kindergarten, dem wir nun doch entwuchsen, zwanzig Minuten bis zum Konsum – zwei kurze Vokale, Betonung auf der ersten Silbe, scharfes s –, ein gewöhnlicher Supermarkt, der das Einkaufszentrum dominierte, des Weiteren Apotheke, Drogerie, Schreibwaren-Zeitungen, Kaugummiautomat.

Dieser hatte, nicht weniger plötzlich als die Kirche, unsere Aufmerksamkeit gefangen genommen, und dann uns selbst. Es war nichts anderes als ein metallenes Gehäuse mit Kopfteil und Fußteil, das ein transparentes Kunststoffbehältnis so einfasste, dass man das Zeug, das darin stoisch ruhte, von drei, ja von dreieinhalb Seiten einsehen konnte. Es waren vor allem bunte Kaugummibälle, die uns nicht interessierten, und wenige Gegenstände: der attraktivste ein winziges Feuerzeug, dessen Behälter gerundet und eingefasst mit Krokodillederimitat. In einen vertikalen Schlitz über einem horizontalen Griff konnte man einen Groschen werfen, der mit der halben Drehung des Griffs komplett verschwand und nichts anderes als ein gedämpftes Klötern hinterließ, wenn er unsichtbar in das Behältnis zu den anderen Groschen gefallen war, willkommen in der Hölle. Wenn die Bälle Augen waren, die Augen eines Monsters, dann war der Griff die

Nase, die man ihm herumdrehte, ohne dass es seine Gestalt damit veränderte, 180 Grad, und der Mund bestand aus einer hochformatigen Klappe, auf der THANK YOU stand, unaussprechbar und unverständlich. Wenn man sie anhob, sah man, was man für einen Groschen bekommen hatte, zwei oder drei bunte Kugeln; aus Langeweile fing man an, auf einer davon herumzubeißen, die roten schmeckten etwas anders als die grünen und die gelben.

Bert hatte bemerkt, oder ich hatte bemerkt, oder wir beide hatten es bemerkt, dass der Griff sich auf einem Zahnrad bewegte, eine halbe Drehung – also der komplette Vorgang – fünf oder sechs Zacken, und wir verlangsamten die Drehung so, dass man jeden Zacken spürte, und versuchten, kurz bevor man ihn spürte, zurückzudrehen, was bei den ersten drei Zacken nicht viel brachte, es fiel noch kein Gegenstand in den Schacht, aber auf der zweiten Hälfte der halben Drehung konnte man – irgendwie – zeitlich und räumlich zulegen, den Mechanismus, der doch kaum etwas anderes sein konnte als ein sich öffnendes und wieder schließendes Loch am Boden des Schaubehälters, für Bruchteile von Sekunden betrügen, so dass er mit einem Rattern etwas hergab, was nicht vorgesehen war, und dann, mit der vorletzten oder der letzten Zacke, den Rest oder manchmal auch nichts mehr. Jedenfalls schien es in unserer Macht zu stehen, mehr zu bekommen, das ganze Ding zu leeren, nicht wegen der Kugeln, sondern wegen der Feuerzeuge und Ringe und Figuren, die zwar, auch wenn man den Mechanismus mit Geschick oder Glück, schwer zu sagen was, bezwang, nicht zwingend im Mund des Monsters erschienen, aber doch mit größerer Wahrscheinlichkeit. Einer hielt, obwohl es unbequem war, die THANK YOU-Klappe offen, während der andere vor und, soweit möglich, auch zurück drehte –, was die Vorstellung beflügelte, den Prozess zu kontrollieren, also das Angebot, das der Automat wie ein Spiel zu machen schien, mit finsterem Ernst zu unterlaufen.

Von Orschel-Hagen fuhr eine Straßenbahn »in die Stadt«, eine Stadt, die keine Spur in meinem Gedächtnis hinterlassen hat, und wieder zurück. Die Böden der Straßenbahn waren aus Holz, und auf Lesehöhe war ein Emailleschild angebracht »Bitte nicht spucken!«. Wo die Straßenbahn hielt, waren auch die Kleingärten, in denen wir herumstreunten, es gab Erbsen und Kirschen, wir bedienten uns im Garten von Katrins Eltern. Dort waren wir von einem freundlichen Herrn beobachtet worden, der mit meiner Tante bekannt war, ja, wir hatten ihn, der Kavka hieß – merkwürdiger Name, nicht? –, über die Jahre immer wieder besucht. Er sagte nun, er habe uns in jenem Garten gesehen, wir hätten Kirschen stiebitzt, Frau Kavka stimmte zu, sie hatte uns auch gesehen, da war nichts zu machen. Mir fiel ein, dass Katrin uns das ausdrücklich erlaubt hatte, aber Herr Kavka war nicht davon abzubringen, uns verschwörerisch zuzuzwinkern; weil wir ihm als Kirschdiebe gefielen, mussten wir welche sein.

Die Abwesenheit des Onkels hatte wohl damit zu tun, dass er einen Lastwagen fuhr. Er kam gut gelaunt nach Hause, ja, er war zuständig für gute Laune wie auch für den Transport von Getränken aus dem Keller in die Wohnung. Er ließ es sich gut gehen, das sah man auch an seinem riesigen Ford, den er mit Fuchsschwanz und Schmutzfängern auf gemütlich getrimmt hatte. Seine Passion war das Fahren, wie Tante Uschi erläuterte, »Euren Vater strengt das an, unseren Vater entspannt das«, weshalb sie um halb fünf Uhr morgens aufbrachen zum Plattensee, um Ferien zu machen, aber erst wenn wir weg waren. Es war nicht so, dass wir ihnen fehlten, beim Grillen am Nacktbadestrand.

Ich war damals der festen Überzeugung, dass Brüder sich gut verstehen und ihr Leben lang froh sein werden, sich wiederzusehen. So würde es mit mir und Bert sein, und so war es mit dem Vater und dem Onkel. Da sich Männer damals nicht umarmten, konnte man nicht sehen, ob sie es vermieden. Sie berührten auch uns Kinder nicht, nicht wirklich, sie waren Versorger und Witzemacher, und sie kannten sich in der Politik aus, besser als die Ansager im Fernsehen, die auf sie nicht hörten.

Bert und ich jedenfalls waren als Brüder nach Orschel-Hagen gekommen, wir waren quasi Brüder von Beruf, füreinander da, nie allein gesehen, anders als zu Haus, wo seine Freunde nicht meine waren. Niemals wären wir auf die Idee gekommen, wir wären in einer spießigen Neubausiedlung bei mäßig interessanten Kleinbürgern für einen vielleicht zu langen Teil unserer Ferien abgesetzt worden. Wir legten es drauf an, die Zeit totzuschlagen. Immerhin hatten wir, neben vielen bunten Kugeln und allerlei Krimskrams, schon ein Feuerzeug aus dem Kaugummiautomaten geholt, dank unserer überlegenen Methode. Dafür hatten wir einen gewissen Teil unserer Mittel ausgegeben, viele Groschen, die wir an der Kasse des Supermarkts für Markstücke bekommen hatten. Anfangs fiel es uns leicht, dann überlegten wir, ob wir einen Grund vorgeben sollten für die Notwendigkeit des alltäglichen Tausches.

Das Einkaufszentrum bestand aus zwei Ladenzeilen, die sich an einem autofreien Platz, bestückt mit einigen Blumenkübeln, gegenüberlagen, wobei man, von der Siedlung kommend, über eine Treppe in die Anlage hinabstieg. Die Gehplatten zeigten an ihrer Oberfläche Kieselsteine. Der Kaugummiautomat war in der Mitte des Komplexes zwischen zwei Schaufenstern montiert, gegenüber vom Supermarkt, so dass wir kaum annehmen konnten, auf die Dauer völlig unbeobachtet zu sein. Schließlich wechselten wir in der Bank, fünfmarkweise, das waren fünfzig messingschimmernde Groschen, in blaues Papier gerollt zu einem festen Stab.

Die Gotha-Oma hatte, so viel verstand sogar ich, drei Kinder: eine Tochter in Pillnitz, den ersten Sohn in Orschel-Hagen und den zweiten in Einfeld. Nach dem Mauerbau hatte sie ihre kleine Rente im Westen reklamiert und war auf die Sonnenseite gezogen, zum Truckersohn und seiner Kindergartenfrau. In den ersten Jahren der Hitlerei, wie sie gesagt hätte, verwitwet, war sie wechselnd Fabrik- und Feldarbeiterin gewesen; ihr Fleiß zeigte sich immer noch beim Stricken. Sie vergaß nie, die Maschen zu zählen, auch wenn sie sprach, diesen Suppendialekt, die Konsonanten weichgekocht wie Buchstabennudeln. Sie hatte das Gesicht einer Magd und deren Skepsis gegenüber allem und jedem, mit Ausnahme des Fernsehers, den sie als allmächtige und gültige Stimme einer höheren Instanz auffasste, Werbung inklusive. Sie schnitt mit der rechten Hand Scheiben vom Brot, das sie sich mit der linken an die Brust klemmte wie den Kopf eines Gegners in tödlicher Umarmung.

Sollte es etwas geben, das mein Bruder und ich über die Jahre gern verborgen gehalten hätten, hatten wir bei ihr keine Chance. Sie wusste vom Kirschdiebstahl, bevor wir uns verwahren konnten. Sie glaubte nicht an die Fassade der niedlichen Lehrerkinder aus dem Holsteinischen. Sie sah mit flaschengrünen Augen in uns hinein. Das führte aber nicht dazu, dass wir uns ihr anvertrauten. Wir waren dabei, zwanzig Mark Ferientaschengeld im Automaten zu verspielen, und wir erzählten es keinem, noch nicht einmal uns selbst.

Am Sonntag fuhr man hoch in die Alb, die unge-
heuer grün war, verschlungene Straßen, Wege, die an einem
eingezäunten Grundstück endeten, auf dem eine Block-
hütte stand. Es gab eine Schaukel, einen Bach als Wasser-
stelle: das Gütle. Irgendjemand kappte das Gras, Tante Uschi
hatte für Verpflegung gesorgt. Gundula besaß einen riesigen
Gummiball mit zwei Hörnern, auf dem sitzend man springen
konnte, die Hörner fest im Griff. Abends ging es zurück nach
Orschel-Hagen, wo die Zeit stillstand.

Tante Uschi ging in den Kindergarten, die Gotha-
Oma strickte, wir gingen zum Einkaufszentrum: Gundula
hatte keinen Freund, der Drogen nahm, keine Ehe endete
durch Auszug, kein Baum wurde gefällt, niemand wurde
krank und niemand starb. Günter Netzer war nie zu sehen,
auch nicht, wenn an seiner Haustür das Holzschild mit
der Aufschrift »Kehrwoche« hing.

Dann klappte die Kulisse weg. Tante Uschi, ihrem
Geruchssinn folgend, hatte unter dem Sofa eine verkackte
Unterhose gefunden, die meinem Bruder gehörte. Be-
fragt, was es damit auf sich habe, hatte er zu Protokoll
gegeben, dass er »das« schon vor vielen Tagen dort abgelegt habe. Mehr sagte er nicht. Ich war der festen Überzeugung, Tante Uschi würde zu dem Schluss kommen,
das sei alles nicht so schlimm und man brauche gar nicht
mehr drüber reden.

Weit gefehlt. Meine Eltern kamen zurück. Tante
Uschi berichtete mehrfach und so, dass alle es hören
konnten, vom großen Malheur. Mein Bruder wiederholte,
was er gesagt hatte. Wir fuhren zurück nach Schleswig-
Holstein, und das neue Problem mit uns. Mein Bruder
machte in die Hose, er versuchte es zu verstecken, er
musste seine Unterhosen auf der Terrasse auswaschen.
Meine Eltern stellten ihm solche Fragen wie:

»Kann es sein, Bert, dass du, wenn du mit anderen Kindern spielst, einfach zu lang wartest? Dass du das Spiel nicht unterbrechen willst?« und so weiter. Bert hatte so ein Gesicht, das sich faltet wie eine Frucht. Er sah in seinem Kummer aus, als wäre er hundert. Er schwieg.

Ich fragte nicht. Mir war klar, dass er in Orschel-Hagen etwas vor mir verheimlicht hatte, die Sache selbst und den Grund dazu, und er würde, falls er ihn wusste, ihn mir nicht offenbaren. Es mochte überhaupt Dinge geben, die er mir nicht offenbarte, und vielleicht gab es Dinge, die ich ihm nicht offenbarte. Von mir aus sollte er in die Hose machen, solange es ihm nicht unbequem wurde. Ich hatte keine Nase dafür.

Wahrscheinlich war es nicht im selben Jahr, der Kaugummiautomat und die verkackte Hose. Das kann nicht sein. Denn das Strafgericht über meinen Bruder hätte den Umstand, dass unser Ferientaschengeld spurlos verschwunden war, gänzlich überschattet. Die Sommer Orschel-Hagens rutschen ineinander in der Erinnerung, die Brezeln und das Einkaufszentrum, Katrin Sturm mit fünf und Katrin Sturm mit zehn. Auch muss ich zugeben, dass ich nicht mit sieben Jahren Schach gespielt habe, sondern mit zwölf. Alles, wovon hier die Rede ist, spielte in der Zeit dazwischen, unter der schwäbischen Sonne, wo Kinder immer recht hatten und wo es nicht so schlimm war, wenn nicht.

Ein gutes Gesetz war das, nur leider jetzt, wo man es brauchte, außer Kraft gesetzt. Es gab einen Riss: auf der einen Seite wir und auf der anderen Seite die Erwachsenen. Ich sah nicht, was mein Vater fühlte gegenüber seinem Bruder, und was der Bruder von seiner Frau dachte, und Tante Uschi von meiner Mutter. Es waren für mich sämtlich Leute, die sich zusammengetan hatten, um

Bert zu beschämen. Etwas stimmte daran nicht, so wie in dem Sommer, als sie uns blamiert hatten, weil unser Geld im Automaten verschwunden war ohne sichtbaren Gegenwert und es ungerecht war, uns überhaupt zu fragen, weil das Geld keine andere Bestimmung hatte, als für die Ferien gut zu sein, und die Ferien hatten eben im Einkaufszentrum stattgefunden. Was Bert und mich zum Kaugummiautomaten gezogen hatte, konnte man ohnehin nicht erklären. Es war etwas zwischen Brüdern, und was zwischen Brüdern ist, ist stumm.

Und das blieb es auch. Nicht nur, dass die Erwachsenen der Familie uns gegenüberstanden wie eine Wand; Bert und ich, obwohl im selben Einfelder Zimmer eingerichtet wie Zwillinge, begannen ein paralleles Leben. Er machte nicht mehr in die Hosen, und die Sache wurde, oder so schien es, vergessen. Stattdessen entwickelte er eine hastige, verkürzte Aussprache, die den Vater verzweifeln ließ, denn er verstand ihn nicht. Thüringisch mag weichgekocht sein; im Zentralholsteinischen fehlen ganze Silben. Wir saßen also am Tisch zu fünft und sprachen, zum Beispiel, über Tonio Kröger, und so gern hätte mein Vater Kinder gehabt, mit denen er über Tonio Kröger hätte sprechen können. Ich selbst dachte, zumindest eine Weile lang, es handele sich um eine leibhaftige Person. Manchmal wiederholte ich, was mein Bruder gesagt hatte, so dass mein Vater es verstehen möge. Anfangs amüsierte ich mich leise. Später verstand ich ihn selbst nicht mehr.

Tungendorf

Eines Morgens wachte ich auf und hörte im Radio jemanden von der Wiedergeburt sprechen. Es hieß, durch Jesus Christus könne man wiedergeboren werden, und ich wusste sofort, dass ich gemeint war. Ich sprach zu Gott, ich hatte in meinem Leben noch nie gebetet, und er antwortete. So erzählte es Jedlicka, und es war das Einzige, das ich ihm nicht abnahm. Es klang schlicht, aber für schlicht interessierte ich mich nicht. Für Jedlicka schon. Er wurde immerhin für drei Jahre meines Lebens mein geistiger Führer, Geistlicher, Ratgeber und Idol zugleich.

Bis ich dreizehn war, hatte ich Tungendorf für einen langgezogenen Stadtteil auf der Ostseite der Kieler Straße gehalten, also für schuldig, gewissermaßen, dass mein Schulweg von Neumünster bis nach Einfeld so lang war. Auch hatte ich bis dahin angenommen, dass jeder Stadtteil seine Kirche habe, eine neue oder eine alte, und die Pastoren, jeder an seinem Platz, ihren Dienst schöben, auf der Kanzel, am Taufbecken und am Grab. Ich hatte selbst meine Einfelder Kinderkirche brav durchlaufen, mit Bibelstunden, in die ich mit fünf Jahren nicht geraten wäre, wenn nicht meine Mutter selbst sie abgehalten hätte – ganz lieb war mir das nicht, all die anderen Kinder –, und dann, als mein Bruder zum Konfirmationsunterricht angemeldet worden war, hatte ich mich erpresserisch drangehängt, mit zehn, und war mit zwölf Jahren, ein Kind mit Bügelfaltenhose und Blazer, konfirmiert worden, zu früh für einen Protestanten. Zuvor hatten Bert und ich uns im Konfirmandenunterricht gelangweilt, während meine Schwester Rike schon konfirmiert war und sonntags mit ihrem Fahrrad nach Tungendorf zum Gottesdienst fuhr und dann den ganzen Sonntag wegblieb. Auch am Dienstagabend fuhr sie nach Tungendorf und am Donnerstag wieder. Sie wurde von einem jungen Mann, unwiderstehlicher Vollbart, mit dem Motorrad abgeholt. So wuchs in mir die Überzeugung, dass in Tungendorf etwas Besonderes stattfinden musste, und als ich dort mit dreizehn Jahren ankam, stellte sich heraus, dass es auch so war.

Was da vor sich ging, blieb den Anwohnern, den Unbedarften und den Ungläubigen insofern verborgen, als die Kirche um siebzig Meter von der Straße zurückversetzt war, erreichbar über eine schmale asphaltierte Zufahrt, Büsche links und rechts, die unter einer Überdachung endete. Der Platz unter der Überdachung war das, was man in der Schule einen Pausenhof genannt hätte, und allein der Umstand, dass der Platz zum Warten, zum Überbrücken oder Ruhen vorhanden war und genutzt wurde, war ein Zeichen außerordentlicher Aktivitäten in dieser Gemeinde, die sieben Tage der Woche umfassten und bisweilen bis spät in den Abend andauerten. Es gab einen Sonntagsgottesdienst, und Jedlicka kam dann mit wehendem Talar aus seiner Amtswohnung und hielt den Kirchenraum, verborgen hinter einer Front größerer milchiger und kleinerer farbiger Glasflächen, in Atem, zweihundert Leute, von denen dreißig in einem Gospelchor sangen, den Jedlicka selbst leitete, aber das war nur die Amtsroutine oder seine Fassung davon.

Die Überdachung schützte zwei seitliche Eingänge, den des Westflügels und den des Ostflügels, die westliche Tür immer offen. Der Westflügel bestand aus einem Gemeindesaal mit einer hohen Fensterwand zum Garten hin. Der Saal hatte eine Bühne, eine Küche und einen schummerigen rückwärtigen Teil, niedriger unter dem schräg abfallenden Dach, den man mit einer Ziehharmonikawand abtrennen konnte. Im offenen Saal gab es Tische und Stühle für mehrere Dutzend Personen, die wir nach jeder Veranstaltung wandseitig stapelten, um anderen Gruppen ihre eigene Gestaltung zu ermöglichen. So hätten wir es damals ausgedrückt.

Wir selbst stellten die Tische als großes Hufeisen auf, mit Stühlen von beiden Seiten, deckten sie mit einfachem Geschirr, mit Graubrot, Margarine, Schmierkäse und sogenanntem Aufschnitt aus dem Supermarkt, dazu Pfefferminz- oder Hagebuttentee. Diese Kost hatte keine, wie man vermuten würde, abschreckende Wirkung. Es kamen genug Konfirmanden, um alle Plätze einzunehmen. Dass sie überhaupt kamen, zeigte den Zugriff der Gemeinde auf ihre Herzen, denn das wöchentliche Ritual gehörte nicht zum Curriculum. Außerdem musste ein Beitrag entrichtet werden, eine Mark, wenn ich mich recht entsinne. Ein Rätsel waren die lauten Jungen, die sich über unsere Lieder und Gebete lustig machten, nie halfen, wenn die Runde sich auflöste, und trotzdem kamen, immer.

An meine Rolle als Jüngster in der Schule hatte ich mich längst gewöhnt, aber in der Tungendorfer Gemeinde war das Gefälle noch krasser. Ich hatte Zutritt zu den Versammlungen der bereits Konfirmierten und denen der Erwachsenen auch. Für diese Gruppen wurde unter dem Vordach auf der Ostseite aufgeschlossen, man stieg über eine Steintreppe steil nach oben, und dort, unter dem Giebel, befand sich ein Clubraum mit niedrigen Tischen, holzverkleidet, mit einem Nordfenster, das den

Raum am Abend in seiner ganzen Länge spiegelte. Hier war der Lärm der gerückten Stühle abwesend; es gab keine lauten Rufe, nur Stöhner im Gebet.

Wer an einer solchen Versammlung nie teilgenommen hat, braucht an dieser Stelle eine Erklärung zur Gemeinschaft. Zur Gemeinschaft gehörte, wer im Clubraum erschien. Ob jeder der Anwesenden Mitglied der evangelischen Kirche war, galt als unerheblich. Es war ein freiwilliger Zusammenschluss von Leuten zwischen fünfzehn und fünfunddreißig Jahren, mit einer Ausnahme, das war ich mit dreizehn. Niemand hatte gesagt, man dürfe mit 36 dort nicht mehr erscheinen, aber die Kirchengemeinde hatte die üblichen Kreise für Kinder, Konfirmanden, Mütter und Alte: die Gemeinschaft schöpfte aus dem damals allgegenwärtigen Kult, den die Jugend um sich entfachte. Wir hielten uns nicht für die Sachwalter einer Tradition, was bei zweitausend Jahren Christentum ohne weiteres möglich gewesen wäre, sondern für die Avantgarde, für Repräsentanten einer neuen Empfindung, die wir teilten oder, mit Distanz betrachtet, einübten.

Um die flachen Tische standen schwarze armlehnenfreie Kunstledersessel von kastiger Erscheinung; bequem und platzraubend, so dass, wer keinen Sessel bekam, auf den schmalen Bänken dahinter Platz nehmen musste. Der Raum füllte sich in wenigen Minuten. Jeder hatte eine eigene Bibel dabei, manche Gitarren. Die jungen Männer hatten lange Haare wie Mädchen. Die Mädchen hatten manchmal kurze. Wenn einer der Gruppenleiter andeutete, mit gesenkter Stimme, es sei Zeit für ein Gebet, dann war damit nicht das Vaterunser gemeint. Es senkten sich die Köpfe. Sehr günstig waren die Ledersessel: die Ellenbogen auf den Knien, die Stirn in den Händen, den Blick zu Boden gesenkt – anfangs schielte ich noch nach links und rechts, um nichts falsch zu machen –, aber bald, im Vertrauen auf die Gruppe, waren die Augen geschlossen. So machten es letztendlich alle.

Die Gebete waren allgemein oder persönlich, sie priesen den Herrn und baten ihn um etwas, sie waren frei gesprochen und endeten mit einem Amen. Hatte jemand Amen gesagt, war das Gruppengebet nicht vorbei, sondern dauerte in Stille an – man hörte nur das Atmen von sechzig Personen in einem Raum –, bis jemand anderes sprach, »Herr …« oder »Herr Jesus Christus …« oder ganz informell »Jesus, Du hast …«. So wie es in einer Gruppe immer Sprecher und Schweiger gibt, gab es auch hier sprechende Beter und schweigende Beter, die Prozedur also zeitlich überschaubar, und wenn lange jemand nicht zu einem neuen Gebet angehoben hatte, sagte der Gruppenleiter Amen, und alle hoben ihre Köpfe und sahen einander an wie Leute, die soeben aus der Trance zurückkehren ins gegenwärtige Leben. Die ihren Kopf in die Hände gelegt hatten, hatten rote Flecken auf der Stirn.

Der ich nie Katholik gewesen bin, kann ich nicht wissen, wie ergriffen man sein mag, oder erregt, wenn man, geschützt durch ein halbtransparentes Fenster, seine Sünden einem Priester ins Ohr murmelt. Die Wirkung mag dem Gebet in Gemeinschaft ähnlich sein, wobei es allerdings üblich war, sich mit deutlicheren Bekenntnissen von Verfehlungen zurückzuhalten: Unsere Vorstellung von einer Beziehung zu Gott war schwärmerisch. Wo Übles drohte, war Rettung nahe. Ich war einige Male dabei gewesen, als ich, während jemand sein Gebet sprach, eine andere Stimme »Preist den Herrn!« rufen hörte, ich erschrak. Man sagte mir später, das seien Pfingstler, ich solle mal in deren Gemeinschaft gehen, da würde in Zungen geredet, alle auf einmal.

Während Bruder Bert für kleine rollende Plastik-
autos schon nicht mehr zu haben war, hatte ich seit Jahren
immer gewagtere Bauten aus Lego an langen Nachmittagen
montiert, Gebäude, die über viele Wochen stehen blieben
und unter Schmerzen abgerissen werden mussten, weil
die Steine gebraucht wurden. Ich baute ein gewaltiges,
ein armlanges Schiff, das ich »Logos« nannte, weil so das
Missionsschiff hieß, für das die Tungendorfer Gemeinde
spendete. Eine junge Frau, die Püppi genannt wurde, war
in Indien mit dem Schiff unterwegs und schrieb Briefe,
die in der Gemeinschaft verlesen wurden. Darin schrieb
sie, die Gemeinschaft auf dem Schiff sei großartig, die
Mission käme gut voran, aber sie könne sich an das scharfe
Essen nicht gewöhnen. Wir beteten dann für weniger
scharfes Essen. Ich kannte Püppi nicht, aber ich dachte,
ich würde auch einmal Missionar werden, deshalb das
Schiff und sein Name, das meine Transformation anzeigte,
Lego und Logos, vom Kinderspiel zur Berufung.

Bis dahin war ich ein Pendler gewesen zwischen
dem Elternhaus in der Siedlungsstraße, in dem nichts mehr
galt als die Schule, und der Schule selbst, einem backsteinroten Ungetüm, erfüllt vom Echo der Rufe von acht-
hundert Knaben, wo man mich offen bedauerte, nicht die
Kopie meines Bruders zu sein. Mir war in diesem Modell
nichts übriggeblieben, oder ich hatte nichts Besseres finden können, als die Laufbahn eines Wunderkinds anzu-
streben, wobei nichts in Richtung Fortschritt deutete. Ich
fuhr also siebeneinhalb Kilometer hin und auch wieder
zurück, aber stand auf der Stelle.

In Tungendorf spürten wir den Hauch der Zeit,
einen Sog aus der Zukunft, dem Jüngsten Tag, wir würden
siegen mit Pauken und Trompeten. Während die Schule
dem, der will, sagt »Du kannst nicht« und dem, der kann,

sagt »Du willst nicht«, war der Wettbewerb in der Gemeinschaft ausgesetzt. Unsere Barmherzigkeit machte nicht halt vor Ärmlichkeit und Schlichtheit, und andersherum stand es niemals in Frage, dass die Heilige Schrift entziffert werden musste, und dazu brauchte man Kinder wie mich. Die Herkunft galt nicht viel, denn die Botschaft des Neuen Testaments war, dass es besser sei, Jesus zu folgen als seiner Familie anzuhängen. Ich musste nur mit meinem Fahrrad einbiegen in die asphaltierte Zufahrt, siebzig Meter bis zum Unterstand mit der Tür links und der Tür rechts, und meine Loyalität galt einem anderen Vater, einer höheren Ordnung, einer großen Sache. Falls jemand den kurzgeschorenen Knaben, der ich war, eher wunderlich gefunden denn für ein Wunder gehalten haben sollte: Es gab keine Autorität, die diese Anschauung bestärkt hätte. Im Gegenteil.

Jedlicka war mit siebenundzwanzig Jahren Nachfolger eines begnadeten und berüchtigten pietistischen Pastors geworden, ein blonder Mann mit süffisant geschürzten Lippen, jemand, der leicht ging und schwebend sprach, die süddeutsche Herkunft nur noch zu hören in einem scharfen S, so dass er, um den Unterschied deutlich zu machen, das Wort Sex stimmhaft begann. Es klang dann handgestrickt und ungefährlich. Da ihn die Amtskirche eingestellt hatte, musste er qualifiziert sein, aber er hatte seine theologische Ausbildung nicht an einer deutschen Universität erhalten und wies zudem gelegentlich darauf hin, dass er eine britische Lizenz besitze, um Englisch zu lehren. Insofern war klar, dass er Pastor nur war, um den Pflichten zu genügen. Seine eigentlichen Quellen waren noch gar nicht angestochen.

Als ich ihn kennenlernte, mag er ein Jahr im Amt gewesen sein. Er hatte seine Anhänger und seine

Widersacher, aber was gefehlt hatte, war ein Spiegel: die Augen eines Jungen, der am liebsten sofort Jedlicka gewesen wäre. Jedlicka hatte vorn eine blonde Locke; so auch der Junge. Jedlicka hatte reine Haut, die hätte der Junge gern gehabt. Jedlicka befestigte seinen Schlips, wenn er einen trug, an seinem weißen Hemd mit einer silbernen Nadel. Als Weihnachten vorbei war, tat der Junge es auch.

Der Pastor brachte die Zürcher Bibel mit, von allen Varianten jener Text, der am wenigsten biblisch klang. Noch lieber übersetzte er frei aus der King James Bible, wobei er Worte einsetzte, dann zurücksprang und sie austauschte, um der Gemeinschaft zu zeigen, dass der Sinn der Schrift erst zu suchen und nicht etwa gegeben sei. Das tat er mit seiner Silberstimme, die fordernd im Raum stand. Er führte neue Worte ein, wie Projektion, Neurose und Komplexität. Er erfand neue Kreise für neue Anführer. Die Leitung des Chors gab er ab, als der Chor anfing, an Wochenenden zu touren. Umgekehrt begann unsere Gemeinschaft, Leute aus näheren und fernen Gemeinden anzuziehen. So erfand er die Wochenendseminare, fünfzig, dann achtzig, später hundert Menschen im Gemeindesaal, jeder namentlich registriert, mit Jedlicka als Hauptredner und Moderator zugleich. Wenn das Seminar am Sonntagnachmittag endete, war es einem, als wäre man plötzlich erblindet. Jedlicka gab uns mehr als jeder andere das Gefühl, zur richtigen Zeit am richtigen Ort zu sein.

Bis dahin war die Wirkung von Tungendorf auf meine Familie nicht zu spüren gewesen. Ich war noch Gemeindelehrling, meines Bruders Interesse am Ganzen lauwarm und meine Schwester im Herbst der Münchner Olympiade fortgeflogen nach Iowa, von wo sie Ton-

kassetten schickte. Die erste enthielt ihre beiden Lieb-
lingslieder aus dem Radio. Eines ging: »The world is black,
the world is white / It turns by day and then by night. / A
child is black, a child is white / Together they grow to see
the light / To see the light.« Das andere handelte, über ein
jagendes Klaviermotiv gesungen, von dem Tag, an dem
die Musik stirbt. So viel verstand ich wohl. Aber was hieß
»with a pinka nation and a pig up truck«? Aber auch »pink
carnation« und »pickup truck«, wenn mein Ohr es hätte
entschlüsseln können, wären Rätselworte aus einem fernen
Land geblieben.

Im Tungendorfer Clubraum war ein Schall-
plattenspieler aufgestellt – im Deckel des tragbaren Kastens
befanden sich Lautsprecher –, und aus diesem unschein-
baren Gerät kam eine unbekannte Musik, wechselnd zwischen orchestralem Zirpen, hämmernden Balladen und
kreischend gesungenen Kampfszenen; die Geschichte unseres Herrn Jesus Christus persönlich aus der Kehle von
Deep Purple. Die Anlage war laut genug, dass wir, nicht
mehr als fünf Jungen und Mädchen, die Musik aufneh-
men konnten, aber leise genug, dass Mikel – so stellte ich
mir seinen englisch gesprochenen Namen geschrieben
vor – darüber sprechen konnte. Er übersetzte ins Deutsche,
mit einer Stimme, die an der nüchternen Beschwingtheit
Reinhard Meys geschult war. Die narzisstischen Klagen
Christi, die herzergreifende Reue des Judas, die mütter-
liche Zärtlichkeit der Maria Magdalena, alles ging auf in
dieser Stimme, die nicht müde wurde, die Synchronisa-
tion zu liefern. So kamen zusammen: die Rockmusik, das
Christentum, der anziehende Führer und die plötzliche
Gegenwart der Mädchen. Vier Plattenseiten, abgelegt auf
der Innenseite meines Ohrs, jederzeit aufzurufen, ab-
zurufen; ich strampelte in die Pedale meines Fahrrads,

Kartoffeln links und Gerste rechts, und schrie in den Abend, »da – a – a – amned for all time. Poor old Judas! The fire in your head in feet«.

Um Mikel ähnlicher zu werden, ließ ich mir die Haare wachsen und ging mit meiner Mutter zu C&A, wo wir einen gefütterten grünen Mantel kauften, der sich Parka nannte. Bald erkannte ich, dass es nicht ein Parka war, wie Mikel und Dieter ihn trugen, diese waren schwerer und heller und alles andere als neu. Ich wartete ein Jahr ab und traute mich dann in den US Shop, wo die blauen und schwarzen Hosen von Levi's und Wrangler im Fenster drapiert waren. Vorher war ich ein braver Sohn gewesen, sauber gezogener Scheitel, ein einsames Kind mit einem quälenden Schwanz. Als ich wieder herauskam, war ich Teil einer globalen Bewegung. Meine Eltern nannten die Kombination von Bluejeans und Parka eine Uniform.

Als ich René zum ersten Mal sah, war der Gemeindesaal aufgeräumt. Im Boden spiegelte sich die Decke. Er stand in diesem kahlen Raum fast reglos und allein. Ich sah in meinem Höllengymnasium hunderte von Jungen täglich und hatte durchaus versucht, meinen Sinn für Schönheit zu schulen: Hans-Peters braune Augen und Niklas' Hinterkopf; Thorwalds Klugheit, Thorwalds Lippen. Dieser Junge war nicht groß, mit laxen Bewegungen, asiatischen Augen. Er war schüchtern, aber nicht zu schüchtern, um sich von mir aufgabeln zu lassen, und es zeigte sich, dass er mit seinem Fahrrad in dieselbe Richtung fuhr; wunderlich all das, er ein Jahr jünger als ich, fast auf den Tag, wir waren zur selben Grundschule gegangen, er war mit seinem Fahrrad um denselben See gefahren, wir hatten uns nicht einmal im Augenwinkel gesehen. Als sei die Zeit vor einigen Jahren angehalten und uns nun, im Paket, geschenkt worden: Wir gehörten sofort zusammen.

Dies war der Sommer, in dem meine Schwester gut gemästet zurückkehrte aus dem mittleren Westen, im Blaumann und mit weicher Diktion. Es heißt nicht »Wau!«, lehrte sie mich, es heißt »wow« – ohne die Lippen zu schließen –, und mein Vater musste einsehen, dass es keinen Jatz gibt, sondern nur Jazz, ohne ein Zischen. Es war nicht ganz klar, ob sie so raumgreifend gut gelaunt war, weil sie nach einer Lebensprüfung wieder Boden unter den Füßen spürte, oder ob Iowa ihr den jovialen Geist geliehen hatte, der sie und auch uns beflügelte.

Sie packte ihre Koffer aus. Durch die halbgeöffnete Tür sah ich, wie sie ein riesiges Handtuch entfaltete, in dessen Mitte das rote Sechseck abgebildet war, aber der Text las sich nicht »Stop!«, sondern »Stop pollution!«. Das Rauschen in meinen Ohren war so laut, meine Verwirrung so groß, dass ich erst langsam begriff, was Rike meiner Mutter erläuterte; dass es um den Zustand der Welt ging. Nicht, wie ich angenommen hatte, dass Frauen ein schreckliches Verbot zu implementieren gedachten.

Die Gemeinschaft, von mir anfangs wörtlich verstanden, zeigte sich als Verschränkung von zweierlei Gruppen. Die einen waren strenggläubig, gesetzestreu und auf den Wortsinn fixiert. Sie waren der Ableger einer Organisation namens Jugendbund und hielten Verbindung mit einer pietistischen Bibelschule am Schwarzwaldrand, wohin sie regelmäßig junge Gläubige entsandten, um sie zu festigen. Die anderen waren in Aufbruchstimmung und in Auslegungen vernarrt. Die erste Gruppe hatte als Anker einen Jugendführer in Haferlschuhen, ein redlicher Angestellter von Mitte dreißig namens Claus Bieler. Die andere Gruppe, meine, hatte als Wortführer

Jedlicka. Wir hielten uns für freie Geister, namenlos geschützt durch die Amtskirche, Boheme, Jesus People, links sein war unverdächtig.

Rike hatte das Geschick, sich mit beiden Fraktionen gutzustellen. Ich war unübersehbar ein glühender Anhänger Jedlickas. Mein Bruder, dachte ich, käme ohnehin nur wegen der Mädchen. Jedenfalls waren wir nun zu dritt. Unsere Mutter misstraute unserem Eifer oder sie blieb Tungendorf fern, um nicht den Vater in die Enge zu treiben. Der sah sich umstellt von Sektierern, die bei allem und jedem wussten, was Jesus dazu sagt, Paulus oder Luther, Buber, Bultmann, Ulrich Parzany oder, am schlimmsten, Jedlicka. Wir fuhren nach Tungendorf, hatten Bibeln bei uns, wir trugen kleine Anstecknadeln, auf denen stand »Jesus lebt«. Schließlich rebellierten wir gegen die Teilnahme am Weihnachtsgottesdienst in der bescheidenen Einfelder Kirche, in der wir sämtlich getauft worden waren. Am 24. Dezember 1974 war die letzte Möglichkeit, die Familie zusammenzuhalten, nach Tungendorf zu fahren, was wir taten; mein Vater wagte es auf dem Nachhauseweg, die Predigt Jedlickas in Frage zu stellen. Wenn es uns bis dahin bedrückt hatte, mit welcher Unvermeidlichkeit zur Weihnachtszeit bei uns gestritten wurde: Jetzt war es uns recht, Jesus-Christ-is-a-born, wir schwangen die Fahnen der Doktrin, zur Verzweiflung meines Vaters, der an Weihnachten Geburtstag hatte.

Wir ergänzten nun die Bildergalerie der Geschwister, die den Jugendgruppen die Poesie unbedingter Nachfolge verlieh. So gab es drei Mädchen mit wattigem Haarkranz, siebzehn, vierzehn und elf, unter den Pseudoafros irische Gesichter, besonnen allesamt, dasselbe Gesicht immer feiner werdend bis zum jüngsten, ein rehhaftes Kind, das mir, mehr als mir lieb war, an den Lippen hing.

Wer Locken besaß, ließ sie damals wuchern. Wir hatten sogar ein Zwillingspaar zu bieten, üppige Mähnen, beide mit Gitarren, also Melodie und Rhythmus. Es konnte nur mit ihnen befreundet sein, wer die Brüder nicht verwechselte. René war ihr Freund, und ich fand mich nun endlich geborgen, eine Gruppe in der Gemeinschaft, ein doppelter Kern um mein zappelndes Ich.

Püppi kehrte aus Indien zurück, eine junge Frau mit einem kleinen, strahlenden Gesicht, jenes Strahlen, das angeboren ist oder sich durch den Glauben einstellt, man konnte es nicht wissen, denn ihr Vater lebte nicht mehr, und die Mutter, die ebenfalls strahlte, gehörte auch zur Gemeinde. Püppis ältere Schwester und Dieter, der jüngere Bruder, komplettierten die Familie Rudigkeit, nicht wirklich eine Familie, sondern eher eine Gemeinschaft in der Gemeinschaft. Die beteten gemeinsam zu Haus, befremdlich, denn für mich war der Glaube, auch wenn ich es nur ahnte, Logos – eine Waffe gegen die eigene Herkunft. Es stand Wort gegen Wort.

Tungendorf darf man sich als ausgedehnte Siedlung von Mehrfamilien-, Reihen-, Doppel- und Einfamilienhäusern vorstellen, der Zuschnitt der Straßen abgestellt auf die Tiefe der Gärten, hier und da ein Geschäft, ein Restaurant, eine Sparkasse – kein Park, kein See, nur ein ehemaliges Kino namens Corso hatte man umfunktioniert in eine Spielstätte der Schleswig-Holsteinischen Landesbühne, die, wenn sie kam, auf der Rückseite einen Lastwagen parkte, der fast so hoch war wie das Kinohäuschen selbst. Ich war ein glühender Fan der Schauspieler aus Rendsburg, Abonnent in der ersten Reihe, sah »Amphitryon«, »Katharina Knie« und »Richards Korkbein«, einfach alles. Das Corso war damals die repräsentative Bühne für ganz Neumünster, sogar Symphoniekonzerte fanden dort statt, Operetten wurden gegeben: Und es lag der Einfahrt zur Kirchengemeinde gegenüber, das Corso und meine Kirche, das waren hundert Meter, das Zentrum der Welt, bis zur Unsichtbarkeit gedrückt in eine von Regen und Wind grau gewaschene Suburbia.

Es gab dort Leute, die mit Kohle heizten, ihren Wirsing im Garten anbauten und zum »Einholen« mit rostigen Fahrrädern unterwegs waren. Es gab Angestellte mit winzigen Gehältern, Familien, in denen »beide arbeiten« mussten, und Beamtengattinnen, die für die Geranienblüte sorgten. Nicht anders als in Einfeld auch wurden die Zeichen der Zivilisation eingedunkelt durch den missratenen Nachwuchs überforderter Flüchtlinge, die irgendjemandem, der Anlass würde sich schon finden, die »Fresse polieren« wollten.

Diese Knaben, auf dröhnenden Mopeds, tauchten unter dem Vordach der Gemeinde auf, das sie als unser Atrium erkannt hatten. Sie belagerten unsere Konfirmandentreffen, weil man Vierzehnjährigen so schön Angst machen kann. Ich war auch in dem Alter, aber ich hatte keine Angst mehr. Ich war »Leiter«. Ich war »Christ«.

So schick waren wir, dass wir schon fast ein Rockerproblem hatten. In unserem Fuhrpark standen der magische Renault 16 Jedlickas, die schwarze Maico von Rikes Verehrer und der rote, gestreckte Heinkelroller von Mikel, der mich, wenn der Fahrradreifen platt war, bis nach Hause brachte, zwei Bundeswehrparka mit Patina auf einer Sitzbank. Wir hatten den Chor, dieser hatte eine Power-PA für Gitarre und Bass, wir bespielten unsere Bühne mit eigenen Produktionen, wir waren dabei, eine wöchentliche Diskothek zu etablieren.

Als gälte es zu demonstrieren, wie quicklebendig die Kirchengemeinde Tungendorf-Nord war, gab es auch

Tungendorf-Süd, mit einer gewöhnlicheren Kirche, einem älteren Pastor und ohne Mopedrocker. Allerdings zeigte sich, dass beide Gemeinden pietistisch miteinander verbunden waren. Man ließ die Brüder-im-Herrn nicht hängen. So betrieb Dieter Rudigkeit dort eine Jungschar, einen Kellerclub mit Andacht für Jungen der raueren Sorte, das Hauptvergnügen die Bolzrunde auf dem kirchlichen Rasen. Die Jungen nannten Dieter einmal Bronco, dann wieder Rosco, und Roscos Starnummer war, sich den Ball zu schnappen und durch das Rudel der Jungen zu pflügen bis ins gegnerische Tor. Dieser Durchmarsch war Ausdruck seines Glaubens, einer Gewissheit, manifestiert in seinem bärenhaften Erscheinen. Ich konnte nicht widerstehen, als er mich zum Ko-Leiter ernannte.

Während die kleine Bolzgruppe vor sich hin kochte in der eigenen Beschränktheit, kamen zu den Fahrten der Jungschar feinere und eigensinnige Jungen dazu. Die Gruppe fuhr auf Fahrrädern zwei Stunden bis zu einem mittelholsteinischen Wald, der an einem Flüsschen gelegen war, und schlug die Zelte auf.

Als Leiter teilte ich das Zelt mit einem anderen Leiter, Werner Weinrich, einem übergewichtigen, kurzsichtigen jungen Mann, der über dem frühen Tod seiner Mutter depressiv geworden war. Sein Talent war, in schlichten Worten Geschichten aus der Bibel nachzuerzählen und zu deuten, mit einer Ruhe, die es ihm ermöglichte, Predigt und Gebet zu verschränken. Die Jungen lauschten ihm in Stille. An einem Abend war das Holzfeuer schon niedergebrannt, als sich zwischen Dieter Rudigkeit und Werner Weinrich ein Streitgespräch entspann über die Frage, ob es schöner sei, wenn ein Mensch zum Glauben finde, oder mit einer Frau zu schlafen. Die Jungen, die am Feuer verblieben waren, und die Leiter und ich – Halbleiter – lauschten dem Gespräch, das kein Ende nehmen wollte, weil beide beharrlich blieben, wobei Werner die Bekehrung immer fleischlicher geriet und Dieter die Vereinigung mit einer Frau immer seelischer, so dass man am Ende – was wusste denn ich – das eine und das andere für dasselbe halten konnte.

Ein Jahr lang hat mich beschäftigt, wer von beiden recht hatte, und als ich später einen Klassenkameraden bekehrte, mit ihm in den Dünen einer Nordseeinsel liegend und am ganzen Leib zitternd – ich jedenfalls –, war ich nahe dran, Werner zuzustimmen. Danach konnte ich mich dreißig Jahre nicht mehr erinnern, wer was gesagt hatte, bis mir, in diesen Tagen, die Antwort einfiel: Dass Werner die Bekehrung vorzog, weil er in Jungen verliebt war, an die er nicht rankam, selbst wenn er mit ihnen im selben Zelt schlief.

Während in Tungendorf-Süd der Typus des aufrechten Christen mit sauber ausrasierten Ohren nachwuchs, schien in Tungendorf-Nord eine Menge möglich zu sein. Jedlicka hatte einmal verkündet, es gebe zwei Sorten von Christen, Missionare und Propheten, was meinte: eifrige Wortgetreue und weitblickende Exegeten, und wenn man die Herde derer mitrechnete, die weder das eine noch das andere darstellten, war unsere Gemeinschaft damit beschrieben. Das Glück wollte es, dass René kein Bedürfnis hatte, Prophet zu werden, so dass die Wort- und Jugendführerschaft, was uns betraf, bei mir blieb. Ab und zu erschien René und zog die Blicke auf sich. Seine Nähe schmückte mich.

Er zeichnete Figuren auf jeden Rand jeder Seite jedes Schulheftes und hatte sogar seinen Schreibtisch benutzt, um das Schnitzen zu üben. René schwieg, insbesondere in Gegenwart seiner notorisch progressiven

Mutter. Er sprach wenig in der Clique und, wie mir be-
richtet wurde, auch in der Schule, eine Eigenart, die er
ablegte, sobald wir alleine waren. Zuvor waren die Fahrradwege zu lang gewesen, jetzt waren sie zu kurz. Die
gemeinsamen Wege verknüpften sich zur Lebensspur:
Einfeld plötzlich als glorreiches Synonym unserer wun-
derlichen Bestimmung.

Wer nicht gänzlich vor sich leugnete, was mit
offenen Augen zu sehen war, musste von unserer Verbindung wissen. Aber es gab keinen Versuch der Gemeinschaft, uns zu befragen, zu ermahnen oder zu trennen.
Wir selbst glaubten, gegen ein Verbot zu verstoßen, so
dass die schönsten Momente gekrönt waren von Reue,
von Bekenntnissen und Selbstvorwürfen in gemeinsamen
Gebeten, irgendwann untrennbar das Auge Gottes und
der Geruch des Samens. Die Tage und Nächte rauschten
dahin; den ersten Sommer verbrachten wir auf den sanften Kissen des Moors, dessen Wege und Stege René kannte,
der, wenn auch zierlich, ein Naturbursche war.

Eines Tages waren wir zu Jedlicka gegangen
und hatten ihm, der gleich abwinkte und die Details nicht
hören wollte, unsere Verstrickung gestanden. Er hatte uns
wissen lassen, Konrad Lorenz habe beobachtet, dass Grau-
gänse ihre männlichen Kameraden besteigen, bevor sie
ihre weiblichen finden. Uns war das als ungerechte Pro-
fanierung unserer Liebe erschienen, kein Schluss daraus
zu ziehen, keine Vergebung zu bekommen, wir waren
schließlich nicht katholisch; der Ritus der Selbstgeiße-
lung blieb bei uns und prägte unser Zusammensein, bis ich
an einem Sommertag, Vorbild Rike, Deutschland verließ.

Jedlicka allerdings hatte ich begonnen mit anderen Augen zu sehen. So wie er es vermieden hatte, unsere
Homorebellion zu fördern – und das lag in der Luft –,

nahm er auch bei anderen inneren und äußeren Konflikten nicht Partei. Manchmal dekretierte er mit scharfer Zunge und scharfem s; unsere Diskothek machte er dicht, oder er ließ Sympathien für Moskau nicht aufkommen, mit dem rigiden Verweis auf die Erfahrungen Solschenizyns. Wenn das Rockerproblem sich anders nicht lösen ließe, entschied er, dann sollten wir die Polizei rufen, dazu hätten auch Christen ein Recht. Aber vieles andere, was Tungendorf ausmachte, ließ er bestehen, wie es war. Seine Dogmen waren frei schwebend, seine Mahnungen von ungefähr, seine Analysen über den Köpfen der meisten seiner Schäfchen. Seine Sorge war nicht, die Gemeinde zusammenzuschmieden, sondern sie zu vergrößern. Wozu hätte Jedlicka auch sonst in der Amtskirche sein sollen, wenn nicht, um ihr zu beweisen, dass sie die gähnende Leere ihrer Gottesdienste selbst verschuldet hatte. Einmal sprach er seine Furcht aus, als er sagte, es wundere ihn, mit welcher Begeisterung die Jugendlichen der Gemeinde anhingen und wie viele von ihnen mit achtzehn Jahren verschwunden wären.

Nie hätte ich geglaubt, dass es uns treffen könnte, aber in Wirklichkeit waren wir genau diese, die Zwillinge, René, ich. Wir mochten die Gemeinde als Spielplatz jenseits der Schule, und als wir vor der Wahl standen, Agape oder Eros, wählten wir den Eros. Tungendorf: Als wir anfingen zu trinken, haben wir darüber manchmal gelacht.

OK City

Die Sonne stand steil im Zenit. Die Häuser waren niedrig mit flachen Dächern, und ein jedes hatte davor ein Stück Rasen, das bis an die Straße reichte. Es gab weder Fußwege noch am Straßenrand geparkte Autos. Fast jeder Vorgartenrasen wurde besprengt, und dort, wo man sich nicht kümmerte, war der Rasen verbrannt. Bevor ich ein Fahrrad hatte, ging ich zu Fuß und verglich die Häuser, als Übung, um sie von einer Fata Morgana zu unterscheiden. Die Vorgärten und die Dächer blendeten, die Fassaden lagen im Schatten, jedes Fenster durch das Fliegengitter halb erblindet, jedes Haus ergänzt durch eine Garage mit betonierter Zufahrt. Immer abwechselnd: der hohe Kantstein, der den Rasen abschloss, und die nahtlose Abflachung für die Zufahrt. Nach einer Viertelstunde kam ich krebsrot im Gesicht zurück in die 2717. Die gusseisernen Lettern standen in aufsteigender Ordnung an der Fassade.

Auf die Gefahr hin, rührselig zu erscheinen, gestehe ich, dass ich den Tränen nicht mehr fern gewesen war, als ein riesiges Automobil, vom Flughafen kommend, die Fahrt verlangsamt und Jane – jede Silbe war gut zu verstehen gewesen – sich zu mir umgedreht und gesagt hatte, dies werde nun für ein Jahr mein Zuhause sein. Sie sollte recht behalten. Es war mein letztes Zuhaus. Danach war ich mir selbst ein Fremder.

Anfangs ließ ich mich fallen, zum Beispiel in den Hintersitz eines Ford Mustang, dessen längliche Türen den vorderen Teil der Quadrophonie darstellten, der Rest war in der hinteren Ablage verborgen und kam dröhnend auf uns nieder, auf mich und Sherrie, während Linda fuhr und Milton vom Beifahrersitz mit schiefem Grinsen Stichworte brüllte, die Linda zum Lachen brachten. Ich verstand davon nichts, ich verstand nicht einmal den kompletten Refrain, der mit einem »B-b-b«-Stottern einsetzte und in einem gewaltigen Falsettobogen endete. So fuhren wir die 23. Straße Richtung Westen, während die Massen jubelten, denn die Kassette gab ein Konzert wieder, das Konzert eines Sängers, der, falls ich das trotz Quadrophonie auffassen konnte, Milton John hieß und dessen bolzenschweres Klavier einfach abgeschaltet wurde, als wir auf den Parkplatz der Schule einbogen. Eben noch hatte ich gedacht, »Das ist nun also Amerika«, nun war da nichts außer dem Gegacker von Sherrie und Linda.

Auf alle entscheidenden Fragen, die in den nächsten Wochen aufkamen – wie »Wo bekommt man einen neuen Auspuff?« oder »Wer hat das beste Eis?« –, lautete die Antwort »Twentythird Street«. Auf unserer Höhe von OK City wurde die kommerzielle Bebauung der 23. Straße unregelmäßig, plötzlich ein ungenutztes Eckgrundstück und auch wilde Wiesen auf dem Weg zur Schule, aber wenige hundert Meter östlich, also stadteinwärts, fand man ein Einkaufszentrum, das um die Tiefe eines Parkplatzes von der vierspurigen Twentythird zurückversetzt war, und dort waren die Läden nahtlos aneinandergebaut: Auspuff, Reifen, Kurzwaren, Drugstore, Lebensmittel, Bücher & Ansichtskarten. Dann kam eine Avenue quer, die hieß Rockwell, und danach begann wunderlicherweise das Ganze von vorn, was aber hier nur deshalb festgehalten wird, weil das meiste davon heute verschwunden ist.

Dort, auf den Parkplätzen dieser Läden und auf dem rissigen Asphalt hinter den Ladenzeilen, wo die Abfallcontainer standen, und in dem Wohnviertel dahinter verbrachte ich, sobald ich ein Fahrrad hatte und solange es nicht Winter wurde, mehr Zeit, als das Angebot von Hallmark-Glückwunschkarten oder das Sortiment von Eiskrem Sundaes – mit Soßen gekrönte Becher – hätte rechtfertigen können. Ich hatte jeden Tag drei Stunden Zeit, vom Ende der Schule bis Bill, der Vater dieser kleinen um mich selbst erweiterten Familie, nach Hause kam. Anfangs hatte mich Milton mitgenommen auf die Touren, die er zu den Häusern oder eigentlich zu den Garagen der Eltern von Freunden unternahm, um Autolautsprecher aus- und später wieder einzubauen oder Rückspiegel zu reparieren oder – das nahm eine Woche in Anspruch – den Käfer seines Kumpels Mark mit weißem Fell auszukleiden. Linda und Sherrie nahmen daran nicht teil. Mit ihnen fuhr er auf ungenutzte Plätze hinter verödeten Gebäuden, die Einsicht von der Straße verstellt; sie öffneten dann die Türen – klappten also, anders gesagt, die Lautsprecher aus – und hörten Discohits jener Tage, beflügelt durch das Coors, das sie aus dem Kofferraum holten. Sie wussten, dass sie dafür verhaftet werden konnten. Ich war dabei nicht lange geduldet mangels Begeisterung.

Das Haus hatte von vorn zwei Zugänge, die Haustür und das Garagentor. Die Haustür war doppelt, außen die Fliegengittertür, die man mit dem Fuß auf Abstand halten musste, um die hölzerne Eingangstür aufzuschließen. Hatte man die Tür hinter sich geschlossen, befand man sich im Inneren eines Kühlsystems, dessen Betriebsgeräusch erheblich war, abgelöst von gänzlicher Stille, wenn der Thermostat die Belüftung abschaltete. Mein einziger Spielgefährte war Schatzie, ein übergewichtiger Dackel, dessen Name auf die Deutschfreundlichkeit der Bewohner hinwies.

Mit Ausnahme der Schlafzimmer und Bäder, die Türen mit runden Drehknöpfen hatten, war der Rest des Hauses ein Kontinuum. Der Flur, der zu den Schlaf-zimmern führte, das Klavierzimmer, das sich zur Rechten des Eingangsflurs öffnete, das Wohnzimmer, das alles an-dere miteinander verband, und die Küche waren eins; eine Klimazone ohne Türen, unterschieden nur durch den Teppichboden, der an der Schwelle zur Küche endete; im Wohnzimmer abgenutzt, im Klavierzimmer wohlkon-serviert. Dies alles gehörte Schatzie und mir.

In Norddeutschland behütet durch die Mutter, ohne es recht zu merken, war ich nun mit sechzehn Jahren zum ersten Mal mit einem Fernseher allein. Er hatte vier Programme. Auf dem einen Sender lief jeden Nachmittag »Star Trek«, auf dem Bildungskanal »Sesame Street«; mein Herz schlug nicht für die Weltraumdramolette, sondern für die schönen, klugen Kinder im Kindergartenstudio. Ich war ihnen, in der 2717, auch näher als zuvor, denn wer in OK City nicht mit dem Auto unterwegs war, der war ein Kind.

Es vergingen einige Tage, bis ich mich traute, Türen und Schubladen zu öffnen, und dabei ging mir auf, was alles unbenutzt blieb: die komplizierten Gerätschaften in den unteren Küchenschränken; das Glas und Porzellan in der altertümlichen Anrichte; aber auch der große Tisch und die Stühle, die dazugehörten; das Klavier, die Noten. Sogar die Frauenzeitschriften, in der Ablage eines Tee-tisches im Klavierzimmer drapiert, waren einige Jahre alt und blieben in ihrer Ordnung, die den Anschein erwecken sollte, es hätte soeben jemand ein Magazin zurückgelegt, unverändert.

Auf der anderen Seite gab es Dinge und Geräte, die täglich und täglich mehrmals benutzt wurden, vor allem die Waschmaschine und der Trockner, das Tiefkühlfach und der microwave oven, der Geschirrspüler und eine Mühle, die tief im Abfluss des rechten Beckens der Doppelspüle verborgen lag. Sie war so stark, dass man Hähnchenknochen in den Abfluss drücken konnte, die dann unsichtbar, aber ratternd zermalmt wurden, begleitet vom Röhren des Elektromotors, den man abschaltete, sobald er ohne Widerstand lief, dann waren die Hähnchenknochen und die Melonenschalen im Abwassersystem verschwunden.

Ging es nach der Nutzung, lag der Mittelpunkt des Hauses an der Schwelle zur Küche, verkörpert durch einen Resopaltisch, an dem man bequem allein und unbequem zu zweit sitzen konnte, vor sich die Küche und hinter sich das vornehme Arrangement der ungenutzten Essgruppe. Hier las ich den »Daily Oklahoman«, hier fand ich auf gelbem, rot liniertem Papier Notizen von Jane, hier öffnete ich die himmelblauen Briefe aus Deutschland, hier war das Telefon in der Wand verankert, und in der Schublade lagen die Yellow Pages bereit. Denn bevor man sich irgendwohin auf den Weg machte, erfragte man am Telefon, ob es das gab, was man suchte. Noch aber suchte ich nichts, sondern war beschäftigt mit dem, was vorhanden war.

Die Waschmaschine und der Trockner standen sich in einer Kammer gegenüber, die zwischen der Küche und der Garage lag; von der Küche durch eine Schiebetür, von der Garage durch eine Zimmertür getrennt, die verschließbar war, jedoch nie verschlossen wurde. Manchmal ging ich in die Garage, sie war groß und heiß und leer. Fast leer, es gab dort eine gewaltige Tiefkühltruhe, Werkzeug und eine Karte der Vereinigten Staaten von Amerika, die ich mir einprägte, Oklahoma, Texas, Arkansas, Kansas, New Mexico und dann den Rest.

Schließlich ergaben sich die ersten Routinen. Ich ließ, wenn ich nach Hause kam, den Dackel in den grell überstrahlten Backyard zum Kläffen, lud die Wäsche aus der Maschine in den Trockner, öffnete mir eine Suppendose von Campbell, las Charlie Brown und die anderen Zeitungscomics, während ich die Suppe löffelte, vertiefte mich dann in die tägliche Folge des Prozesses gegen Patty Hearst auf den Innenseiten des »Daily Oklahoman« und wechselte schließlich vor den Fernseher, wo ich zwischen den Programmen hin- und herschaltete bis zum Überdruss.

Ein Schlag, auf den ein Kurbelgeräusch folgte, zehn Sekunden bis zum Anschlag, war das Zeichen der Rückkehr Bills, dann setzte der Dreilitermotor das ganze Haus in Schwingung, bevor das doppelte Garagentor wieder herunterfuhr. Als Nächstes erschien Bill in einem hellblauen Baumwollanzug – mehr Werkshallen- als Bürokleidung –, freute sich, mich zu sehen, fragte nach Milton, verschwand im Schlafzimmer, kam im Overall zurück, begrüßte Schatzie ausführlich, der ihm ergeben war, schob die Terrassentür auf, schob die Fliegengittertür auf, schob die Terrassentür wieder zu und verbrachte die nächste Dreiviertelstunde mit der Bewässerung des Gartens. Irgendwann gab es einen Schlag, auf den das Kurbelgeräusch folgte; acht Zylinder setzten das Haus in Schwingung, die Tür zur Waschmaschinenkammer flog auf, die Schiebetür zur Küche rauschte beiseite, und jemand rief laut »Bill!« und »Ulf!« und etwas weniger hoffnungsvoll »Milt?«; das war Jane.

Jane, die ärmlich in einem Dorf bei Dallas groß geworden war, hatte sich als junge Frau rund gegessen, Symbol ihrer gewachsenen Bedeutung. Sie trug bräunliche Anzüge mit ausgestellten Schultern und Bügelfalten,

sie war geschminkt wie für einen Auftritt in »Hello Dolly!«
und strahlte, wenn sie einen sah, aber der Strahl war ein
Bannstrahl. Mit ihr begann das Abendprogramm.

Hatte Jane eingekauft, mussten die braunen
Papiertüten jetzt und sofort aus dem Kofferraum der
blauen Limousine geholt und in den Kühlschrank ent-
leert werden. An anderen Tagen war Wäschedienst,
Staubsaugerdienst, standen Anstrengungen zur gemeinsamen Herstellung eines Essens an. Milton, ohnehin im
Streit mit seiner Mutter – über seine automobile Streu-
nerei nach der Schule und über die Anrufe von Sherrie
und Linda –, nahm die Anweisungen und Anleitungen
zornig entgegen, mit einer tiefen Spalte über der Nase
und einem verspannten Gang, während Bill sanft und mit
leiser Resignation, »Jane, what do you want?«, jedwede
Unterstützung anbot; ich war in diesem Spiel, für dessen
Grund ich mich irrtümlich hielt, ein neues Element.

Zum Abschluss des aktiven Teils des Abends fuhr
Jane manchmal tanken, was mir als mögliche Tätigkeit
völlig neu war. Ich schloss mich ihr an, um ihr nützlich zu
sein, weil sie nämlich, wenn allein, ihre blaue Limousine
betanken ließ, aus Gründen der Sicherheit und Bequemlichkeit, während man ein oder zwei Dollar sparen konnte, wenn man selbst tankte, was meine Aufgabe wurde. So
fing es an, dass wir gemeinsam durch die Stadt fuhren,
mit und ohne Gründe, Jane am Steuer der automatik-
getriebenen Limousine mit einem dumpf blubbernden
Motor, der Fahrgastraum schwimmend wie auf See, Jane
im lockeren Hausanzug, moderat geschminkt, die Lippen
vorgeworfen in der Absicht, deutlich zu sprechen, was sie
tat, so dass ich ein zweites Mal in meinem Leben eine
Sprache lernen konnte; nicht das Skelett der Sprache,
sondern ihr Fleisch.

Während wir in die Nacht eintauchten, verwandelten sich die grauen, grindigen Straßen in schwarze Kanäle, und die Schilder der Hotels, Fastfoodketten, Geschäfte und Tankstellen flammten wie Leuchtfeuer auf. Und so sehr wie das Raster der Stadt einen Rest von Lesbarkeit garantiert, so dass man sich nicht verirren kann, ist es dennoch möglich, darin verloren zu gehen, einen bestimmten Zustand des Betrachtens zu erzeugen, der einer gleichmäßigen Bewegung geschuldet ist, so dass die 23. Straße zwischen Ann Arbor und McArthur als kleinstes schwebendes Teilchen für das pulverisierte Ganze steht, in dem alle Dinge des Lebens aufgehoben sind, von der frühesten Erinnerung bis zur letzten Fahrt.

Nicht in meinem Fall, allerdings, denn ich war so etwas wie ein Adoptivkind mit befristetem Vertrag. Mir war klar, oder man hatte mir den Auftrag erteilt, diese Situation zu nutzen, worunter ich verstand, mich einweben zu lassen in die Faser dieser Familie, dieser Stadt und dieses Landes, auch wenn ich von der Schule des method acting damals noch nichts wusste. Immerhin war ich in der Mitte des Landes in einer Rasterstadt in einer Familie mit zwei Autos; Bedingungen, auf die man als Alien vorbereitet war oder hätte vorbereitet sein müssen. Ich machte mir keine Vorstellung davon – ich erlaubte es mir nicht –, was passieren würde, wenn ich an einem Sommertag und fast ein Jahr später unter blauem Himmel herausgetrennt würde aus dem Gewebe OK City, Sundaes und Milkshakes hinterlegt in meinem Gaumen.

Eine aufgebockte Blechkiste mit vorgestrecktem Motor, Türen, die sich faltend öffnen, unzerstörbare Sitze in Viererreihen, das ist der gelbe Schulbus, der immer pünktlich um die Ecke biegt und schnaufend anhält, die Warnblinker eingeschaltet, um ein Häufchen müder Jugendlicher einzuladen, die jeder zwei Ringhefter und ein Buch oder zwei Bücher und einen Ringhefter unter dem Arm tragen. Die Fahrerin ist immer dieselbe, montags bis freitags, eine ältere Lady mit einer großen Brille, die das Vehikel mit seinem riesigen Lenkrad entlang einer vorgezeichneten Zickzackroute bewegt, die den Schulweg verdoppelt oder verdreifacht, nicht mehr als sechs Blocks unterwegs auf den großen Avenuen, McArthur, Meridian, Portland, und schon wieder rüttelnd einbiegend in die Wohnstraße, die 28. oder 29., deren Hausnummern auf dem Weg westwärts die Fünftausender- und dann die Sechstausendergrenze überspringen, bezogen auf eine Achse in fast unvorstellbarer Ferne durch die Mitte der Flächenstadt, die die Ost-West-Teilung markiert. Plötzlich, in Höhe der Kliniken, ist die suburbane Mission abgeschlossen, der Bus nahezu voll und biegt wackelnd in die 23. Straße ein, ab dann einer von vielen gelben Bussen, die ebenfalls aus ihren Abholvierteln kommen wie Tiere aus Höhlen und nun westwärts jagen, wo sie sich vor der Schule als Linksabbieger auffädeln und dann, wenn Platz ist, die Fahrtrichtung wechselnd in die Vorfahrt einschwenken, aufrücken und schließlich die Türen auffalten, die man über schmale, steile Treppen abwärts erreicht, sich bei der Fahrerin bedankend, sofern man vorn aussteigt; ich sitze immer vorn, um mich nicht zu übergeben, und steige immer vorn aus. Nur in diesem Augenblick der Anfahrt bekam man ein Gefühl für die Masse der Schüler, und die Furcht ging nicht weg oder die Beklommenheit, zweitausend in einem Gebäude, die Klassenzimmer ohne Aussicht, die hektischen Begegnungen vor den schmalen Spinden, die Männerwitze der Footballer; in einer anderen Welt ein Deutscher zu sein. »I am a European«, sagte ich, aber die Antwort fiel durch wie die falsche Münze im Automaten.

Im November waren die Himmel grau, im Dezember schwarz, im Januar hatte Milton Geburtstag, er wurde sechzehn und erwartete ein Auto geschenkt zu bekommen, oder Jane glaubte, dass er das dachte, und verriet es mir und sie verriet mir auch, dass das nicht so sein werde. Aber sechzehn wurde er ohnehin, er durfte fahren und er fuhr nun nach Feierabend das Auto seines Daddies, wenn er es nicht gerade zerlegte. Dies war Miltons Triumph; er gehörte zum amerikanischen Leben und ich nicht, ich durfte, das war Bestand der rechtlichen Abmachung, nicht fahren. Andererseits, als Fahrer war er mir recht, und er fuhr immer und er fuhr gern. Dies war die letzte gültige Abmachung, nachdem wir erkannt hatten, dass uns nichts verband. In OK City war nichts nicht nichts.

Während ich begann, in der Ebene Wurzeln zu schlagen, kam mir Innsbruck entgegen, das Märchen von einer Stadt mit gelben Laternen unter blauschwarzen Himmeln, jeden Tag fünf Minuten europäisches Sehnsuchtsgift auf abc oder CBS, solange die olympischen Winterspiele dauerten. Gar nicht zu reden von dem herrlichen englischen Lumpenpack, das tanzte und sang, um die Geschichte zu erzählen von einem Waisenhausjungen, der unter Diebe gerät, und das sah ich aus der ersten Reihe, jeder einzelne der Tänzer und Sängerinnen niemand anderes als meine Schulkameraden. Unterdessen fegten schneidende Winde durch die Vorstadtstraßen, der Himmel blieb an manchen Tagen grau, nicht milchig grau, sondern geladen grau, um gelegentlich am TV-Horizont eine Windhose herunterzuschicken wie eine gierige Zunge, die einige Häuser weggleckt und sich zurückzieht. 2717 hatte, wie die Nachbarn, keine Unterkellerung, sondern einen unterirdischen Bunker im hinteren Garten.

Patty Hearst jedenfalls, das zeigte der Prozess, war gegen ihren Willen entführt und auf eine solche Weise gefangen gehalten worden, dass sie zwischen Gefangenschaft und freiem Willen irgendwann nicht mehr unterscheiden konnte. Nun fragte sich die Jury, und damit die ganze Nation, ob ihre Beteiligung an einem Bankraub die wahre Patricia offenbarte oder im Gegenteil ein entleertes Subjekt, das fremdgesteuert worden war. Die zweite Möglichkeit war zwar für sie und ihre Familie wenig schmeichelhaft, aber die einzige Perspektive einer Zukunft in Freiheit, was auch immer dieses Wort für die Hearsttochter dann noch hergeben mochte.

Nun war Youth for Understanding gewiss keine Sekte, aber ein einziges Wochenende an der Elbe hatte doch gereicht, um mich auf das einzuschwören, was die Betreuer eine Erfahrung nannten, die Begegnung mit einer fremden Kultur, die fremd erscheine im Kulturschock, der sich dann jedoch verflüchtigen werde. Ich hatte durchaus damit gerechnet, Menschen zu plötzlich zu nah zu sein; die Schule, mit ihren unbefangenen Zurufen und belanglosen Fragen und unaufhörlichen Sticheleien war genau das. Nicht aber 2717, wo ich in einem Haus allein war in der Mitte einer Stadt, die keiner Stadt glich, die ich kannte, inmitten einer Nation, für die typisch zu sein sich OK City anheischig machte. Ich war also möglicherweise im typischsten Haus Amerikas, in der typischsten Familie, in der typischsten Stadt, aber die Tage gingen vorbei, und ich war wie jemand, der in ein Kaleidoskop hineinschaut, überrascht von der Vielfalt der Formen, die man sich nicht merken und von denen man nicht wissen kann, an welcher Stelle die Wiederholung beginnt oder der Zirkel sich schließt. Das einzige Mittel, um aus der Wabe zu schlüpfen, schien das Fahrrad zu sein, obwohl ich andererseits damit meine Fremdheit in einer Zivilisation manifestierte, in der niemand Fahrrad fuhr, jedenfalls nicht, um sich vorwärts zu bewegen.

Während es nahelag, eine Rasterstadt für plan zu halten, zeigte es sich, dass das Gitter mit Gewalt über unruhiges Terrain gezogen war. Die Ordnung der großen Straßen, ostwestlich, und der Avenues, nordsüdlich, nahm keine Rücksicht auf Anhöhen und Niederungen, und die Planquadrate, die sie einschlossen, waren isolierte geologische Zufälle, die gewitzte Planer versuchten in landschaftliche Notwendigkeit umzubiegen: Windsor Hills als Phantasie der weißen Mittelklasse einer Residenz im englischen Park, aber der Park mündet nicht in eine Senke, wo die Mühle steht, und wird auch nicht gekrönt von einem spleenigen Schloss, zu dessen grünem Rock man hinaufschaut. Es sind nur ein paar hundert Grundstücke, deren Backyards leichte Gefälle aufweisen, Straßen, deren Bögen ineinander verschränkt sind. Die Hufeisen und toten Enden heißen Court, Crescent und Terrace, während man an den Hausnummern ablesen kann, dass der Rasterplan sowohl in ostwestlicher wie auch in nordsüdlicher Richtung an keiner Stelle aussetzt.

Einmal fiel mich Unglauben an, dass die Nordstadt in der Südstadt gespiegelt wäre, und ich strampelte siebenundzwanzig Blocks südlich bis zur ersten Straße northwest, kreuzte den urbanen Äquator und fand tatsächlich einen Block weiter die erste Straße southwest, die zweite, die dritte; dann kehrte ich um. Ich sah arme Straßen, ärmliche Häuser, leere und offene, leere und eingezäunte Grundstücke, brandneue Bürotrakte mit frischgeteerten Parkplätzen, aufgelassene Schuppen, aufgegebene Läden, Straßen, auf denen schwarze Kinder spielten, und Vorgärten, in denen Autos repariert wurden.

Ich setzte die Bilder ein in den Rasterplan, so wie man Souvenirs in einen Druckersetzkasten stellt, die Zwanghaftigkeit der Nachbarschaft.

Nicht dass ich von dem, was ich nun berichte, damals irgend jemanden etwas wissen ließ, nicht einmal Jane, mit der man über die Ordnung der Gesellschaft sehr wohl sprechen konnte, über die Ergänzung des ersten Verfassungsparagraphen um das Stichwort »woman«, über Nixons Chinadiplomatie, über die Kandidatur eines unerhört grinsenden Südstaatlers namens Jimmy Carter.

Jane schaffte sich sogar ein Fahrrad an, um mit mir um den Block zu fahren, was sie für eine günstige diätische Maßnahme hielt, sie graste mit mir an Samstagen die yard sales und garage sales ab. Wir fanden die Besitztümer anderer Leute unwiderstehlich. Sie zeigte mir den Turm der Liberty Bank downtown, in dem sie ihr Büro hatte.

Die Attraktionen der prime time überließen wir Bill, bis es eine Serie gab, die von einer rothaarigen Hausfrau in Iowa handelte. Sie war gutmütig und nicht die Hellste, sie hatte eine Lücke zwischen den Schneidezähnen und die Gewohnheit, ihr Gegenüber mit wandernden Augen anzusehen, als blicke sie ins Innere der Sphinx, ihren neuen Nachbarn, zum Beispiel, als er offenbarte, dass nur die Nähe eines attraktiven Mannes ihn erregen könne. So erschien ihr Gesicht als close up im Farbfernseher, die Augen schweifend. Jane fragte mich Abend für Abend, ob die Schauspielerin möglicherweise dumm wäre, was ich – ohne die geringste Ahnung, wer Louise Lasser war – mit Inbrunst zurückwies, aber Jane insistierte und ließ mich schließlich mit der Serie, in deren Mittelpunkt eine unverständige Hausfrau stand, allein. Ich blieb, trotz der doppelten Unterbrechung für die Werbung, die volle halbe Stunde dabei und sah auch immer den Abspann, der Robert Altmans Namen als Produzenten führte.

Ich dachte darüber nach, wie ich OK City entkommen könnte; ich hätte gern Charles Schulz an der Westküste besucht oder Paul Simon in New York. Aber es kam nicht dazu. Irgendwann flog ich zurück nach Detroit und von dort nach Hamburg – eine Stadt mit engen Straßen und roten Häusern wie Festungen –, wo mich mein Bruder in Empfang nahm, der Erste, der bemerkte, dass ich der deutschen Sprache nicht mehr mächtig war.

Neukölln

Der erste Hausverwalter fuhr einen Land-Rover und veranstaltete die Vergabe der Wohnung am Südstern als Wettfahrt zu seinem Wilmersdorfer Büro, die wir gegen ein konkurrierendes Paar gewannen. Unter uns wohnte dann ein fränkischer arbeitsloser Koch mit Frau und Kind, der mich einige Monate nach dem Einzug fragte, ob ich es nicht in der »BZ« gelesen hatte – hatte ich nicht –, dass unser Hausverwalter seine Familie und sich selbst umgebracht habe, mit Ausnahme der zwölfjährigen Tochter, die außer Haus war wegen Musikunterrichts. Das war meine erste Station in Berlin, das eine Zimmer klein und hell, das andere groß und dunkel, Gasetagenheizung. Ein winziges Fenster im Flur mit Aussicht auf den Friedhof. Als Nike weiterzog nach Göttingen, meinen Job als Getränkefahrer hatte ich bereits hingeworfen, bekam ich Angst wegen der Kosten.

Neukölln musste sehr begehrt sein, denn zur Besichtigung der Einzimmerwohnung kamen dreißig Interessenten. Keiner von ihnen trug einen Verdienstnachweis bei sich, abgesehen von mir, eine Gefälligkeit vom Merve Verlag ohne jede Grundlage. Also bot mir der Makler im selben Haus eine zweite Wohnung mit zwei Zimmern an, die etwas teurer war. Während die Einzimmerwohnung vom vierten Stockwerk aus auf den ersten Innenhof herabschaute – klein und schäbig, aber hell –, lag die Zweizimmerwohnung auf der Rückseite des Quergebäudes, ein Versteck. Vom ersten Stock aus sah man in einen Hinterhof mit Fabriketagen, deren Zementputz

Einschüsse zeigte vom Krieg vierzig Jahre zuvor. Zu ebener Erde betrieb ein schwarzer Amerikaner dort eine Autowerkstatt. Unter dem Balkon lag ein wild wuchernder Garten oder, anders gesagt, wuchsen sich Farne zu Bäumen aus. Diese Wohnung bezog ich als Kulisse eines neuen Lebens.

Ohne Blümchentapeten im Wohnzimmer gewann sie beträchtlich. Im Flur schabte ich so lange, bis ich auf die erste Generation von Tapeten traf, schwere Pappe, mit simplen Formen gestempelt. Diese Formen rahmte ich mit einem Anstrich, Zitat 1900. In beiden Zimmern standen weißgekachelte Öfen. Die Türgriffe waren aus Messing, die Fenster zweifach und aus Holz, die Dielen leuchteten nach dem Anstrich im Berliner Ochsenblut. Zu Silvester strichen Nike und ich die Zimmer weiß. Sie fing meine Blicke auf und ließ ihren Overall herunter bis zu den Knien, die Patina unserer Liebe weggewischt für ein Glitzern. So begann das Jahr 1984.

Fast der gesamte Hausstand war bei mir geblieben, alles, was ein junges Paar in zwei Jahren geschenkt bekommt und von der Straße mitnimmt. Die Haustür ließ sich schon nicht ganz öffnen, weil Mäntel und Jacken an einer roten Kordel dahinter aufgehängt waren. Die Hälfte des Flurs war vergeben an einen niedrigen, offenen Schrank, die Monsterfassung eines Sideboards, entdeckt im Sperrmüll der Bundesbahn. Der Esstisch in der Küche, Relikt einer Wohngemeinschaft, reichte für vier. Neben der Waschmaschine stand eine altertümliche Trockenschleuder. Das Bücherregal im großen Zimmer kam komplett von einer nahen Baustelle, die vertikalen Elemente Ytongsteine und die Borde rohe Hölzer vom Gerüstbau, eingewickelt in rotes Packpapier aus Ostberlin. Ich war in Stilfindung begriffen.

Von den zwei Fabrikbauten lag eines fast zum Greifen nah und das andere einen Steinwurf entfernt. Der nahe Bau gehörte zum Nachbargrundstück auf der Fulda-straße. Die Etage hatte hohe Fenster auf zwei Seiten, so dass ich von meinem Balkon aus, Einblick über die Ost-fenster, zusehen konnte, wie die Abendsonne das große Zimmer des Nachbarn flutete. Zwischen der nahen und der ferneren Fabrik war ein Spalt geblieben, perspek-tivisch ein Keil; eine Lücke im System der Hofanlagen, das den Ausblick erlaubte auf ein bisschen Grün in mitt-lerer Ferne. Die Westsonne, wenn sie sich an der Etage nebenan sattgesehen hatte, erreichte für kurze Zeit auch meine Wohnung, bevor sie hinter den Dächern abtauchte. So blickte ich täglich in den hellen Spalt wie jemand, der in einem Verlies sitzt und nicht aufhören kann zu hoffen.

Die Fabriketagen vis-a-vis, über der Autowerk-statt, waren grundstückstechnisch der dritte Seitenflügel einer Hofanlage, deren Eingang an einer Straße lag, die auf die Fuldastraße im rechten Winkel traf, fünf Minuten Fußweg. Nur Katzen stiegen über die Grundstückszäune.

Wer in Fabriketagen wohnte, hatte traditionell keine Vorhänge, so dass man sehen konnte, wer zu Hause war und auf welche Weise. Aus meiner Position im ersten Stock blieb mir allerdings das Treiben ab dem zweiten Stock aufwärts ein Rätsel, Lichter und Schemen, kom-pensiert nur durch die Dusche der Wohngemeinschaft im vierten Stock, die direkt am Fenster lag in eigenartig er-höhter Position. Auf der Straße sah ich diese Leute nie, als lebten sie in einer anderen Welt.

Nach Westberlin zu gehen war wie Neinsagen. Man gestand damit ein, dass es zu New York und Paris nicht gereicht hatte, dass man von Hamburg, Köln und München nichts erwartete, dass man nie mehr zurückkehren würde nach Einfeld, Tungendorf, Neumünster. Man war zurückgeworfen auf die basalen Tätigkeiten, heizen, einkaufen, kochen und baden. Die Tage und Nächte rauschten vorbei. Ich war allein in Neukölln, verdunkelte die Scheiben der Zimmertüren und betrieb im Flur unter der gelbgrünen Kaiserleuchte mein Labor.

Mein Negativarchiv, nach Datum sortiert, umfasste drei Aktenordner, jeder Negativbogen ergänzt durch einen Kontaktbogen im Positiv. Dort fanden sich Bilder von Reisen, Stilleben aus Wohnungen, Portraits und Nacktbilder von Nike, die Schulaufgaben einer abgebrochenen Ausbildung, Politikerportraits von Parteitagen der CDU, der SPD und der Grünen von 1980. Die jüngsten Negative zeigten Nike mit Sonnenbrille vor der Mauer in Kreuzberg, die Arme aufgefaltet wie ein Schmetterling. Das hätte Kunst werden sollen, wurde es aber nicht.

Meine Berliner Initiation als Reporter plante ich für den Tag der Beerdigung eines jungen Türken, der sich aus einem Gerichtssaal gestürzt hatte. Sein Grab war in Mariendorf geschaufelt worden, nicht weit von dem der Meinhof, und der Trauerzug war, wie nicht anders zu erwarten, eine brütende Demonstration. Ich dachte der Sache gerecht geworden zu sein mit dem Querformat eines Friedhofswegs, in dessen oberer Hälfte, wie eine sich schließende Blende, der Trauerzug das Bild verdunkelte. Das Foto, über Nacht entwickelt und eilig nach Hamburg geschickt, erschien gleich in der Woche darauf, der Name des Fotografen vertikal und winzig eingetragen: doch meiner war es nicht.

Erst jetzt, mit vierundzwanzig Jahren, wurde mir klar, dass in meiner Vorstellung von Zukunft Konkurrenz keine Rolle gespielt hatte. So war es nicht mehr weit bis zur Epiphanie in einem Göttinger Hörsaal. An der Seite

Nikes lauschte ich den Geheimnissen der Anatomie und sah, dass ich geirrt hatte, dass meine eigenen Ressourcen begrenzt waren und die der Alma mater gewaltig. Die pünktlich absolvierte Schule hatte mir nichts genützt, auch nicht das Bücherregal meiner Eltern, nicht meine Jahre auf der Straße, nicht die schwarze Nikon und nicht meine betuchten Freunde. Mit vierundzwanzig Jahren, die blonden Haare altmodisch lang, in hellbraunen Schuhen mit Kreppsohlen, in Bluejeans, die mir nicht standen, in einem Mantel aus schwarzem Breitcord mit einer Kapuze, unter der ich aussah wie ein Kind, probierte ich die Rückkehr aus der Klassenlosigkeit in meine Schicht, erinnerte mich an die Regeln des Spiels, freute mich an den abgenutzten Karteikarten der germanistischen Bibliothek, fand keinen Aufsatz zu schwierig, keine Theorie unzugänglich. Ich konnte meine Eltern überzeugen, mich noch einmal zu alimentieren. Sie hatten mich fast verloren; die Suche nach Sinn verläuft im Nichts.

Die Rückkehr aus der Klassenlosigkeit ereignete sich täglich. Sie bestand aus einem Fußweg vorbei an vierzig Hausnummern der Fuldastraße, über die Sonnenallee bis zur Karl-Marx-Straße, in deren Mitte ich abtauchte, um mit der nächsten orangefarbenen Raupe durch die Unterwelt zu kriechen, empfangen am Fehrbelliner Platz von prallen Siebziger-Jahre-Dekors. Hier ließ man sie hinter sich, die grölenden Rotgesichtigen, die ängstlichen alten Ladies, die Mädchen mit den beschlagenen Brillen, die Handwerker mit den schwarzen Ringen unter den Augen, und wechselte eine Etage höher in den Akademikerzug, der einige Stationen weiter das Licht der Welt erblickte; man war geblendet von der Seite des Buchs, in dem man las. Man betrachtete, mit der natürlichen Scheu des Buchstabenmenschen, die Gesichter der

Mitstudenten und grüßte sich, als wäre man durch das Licht, nicht durch die gemeinsame Fahrt zusammengekommen. In Pulks ging man durch den wie flüsternden Park, durch eine kopfsteingepflasterte Villenstraße bis zur vierspurigen Thielallee, die man wild kreuzte. Jenseits stand die rostbraune Anlage der Universität. Da konnte man Honig saugen.

Der Rückweg erfolgte in kleinen Gruppen, die sich aus einem großen Seminar herausgelöst hatten wegen ähnlicher Ansichten und verwandter Lektüre, wir alle unter den Eichen und Linden Dahlems vorbei an den kleinen schmucken Instituten bis zur offenen U-Bahn-Station Thielplatz, die in die Landschaft versenkt war wie ein japanischer Garten. Die Bahn verschwand bald in der Röhre, die Gespräche wurden leiser, manche stiegen noch vor dem Fehrbelliner Platz aus, andere wechselten wie ich in die überfüllte Bahn in Richtung Rudow, ein Name, der wie ein Motto über unserem Leben stand, auch wenn wir den Ort, der dazu gehörte, niemals sehen würden. Am viergleisigen Verteiler Mehringdamm, in der grünen Station der Gneisenaustraße und am Südstern stiegen Leute aus, die offensichtlich ihren Platz gefunden hatten im glamourösen Schmuddel der Subkultur. Die anderen mussten weiterfahren bis zum Hermannplatz und bis zum Rathaus Neukölln, so wie ich, der ich nun einsah, dass zwei Stationen stadtauswärts zu ziehen nicht eine Sache von vier Minuten war, die Zeit, die die Bahn braucht; ich war an den Rand der Welt gezogen.

Auf der Strecke von der U-Bahn bis zu meinem Block – das Wort war allerdings noch ungebräuchlich – gab es einen missgelaunten Apotheker; eine Billigpizzeria, deren Wirte einen behandelten wie einen persönlichen Feind; ein großes türkisches Gemüsegeschäft, wo man dem Kunden auch nach Monaten kein Zeichen des Wiedererkennens geben zu müssen glaubte; eine Tankstelle; eine Eckkneipe, die bis auf die Straße wie ein Aschenbecher stank, und dann, als letzte Bastion, einen Edekaladen, von guten Leuten geführt. Das wusste ich noch von meiner Tour als Getränkelieferant mit Siebeneinhalbtonner bei 35 Grad im Schatten. Wer Läden von hinten betritt, lernt die Hirten von den Hunden unterscheiden.

Jenseits meines Hauseingangs gab es in dieser Straßenflucht nur noch ein Ladengeschäft, mit einem Fenster von anderthalb Metern Breite, in dem ausgemusterte Militaria feilgeboten wurden. Die Öffnungszeit war samstags von 11 Uhr 15 bis 13 Uhr 45, und auf einem handgeschriebenen Zettel stand: »Bitte immer nur einzeln eintreten!« Die Fuldastraße endete auf einem begrünten Platz. Mittels einer altertümlichen Brücke konnte man den Landwehrkanal zu Fuß überqueren. Dahinter lag eine Neuköllner Exklave, umschlossen von der Berliner Mauer. Im ersten Winter fühlte ich mich magisch angezogen vom dunklen Park, von den leblosen Häusern auf der anderen Seite der Mauern – die Berliner Mauer war in Wirklichkeit doppelt, so wie die »zwei Öltanks« –, von den Posten auf dem Wachturm, die einen im Fernglas fixierten, vom schwarzen Trübsinn des Landwehrkanals. Ging man der Mauer entlang ins tiefere Neukölln, fand man in riesigen Lettern geschrieben: Einsamer sucht Einsame zum Einsamen.

Da ich niemanden kannte, der noch entlegener wohnte, war es unmöglich, jemanden beiläufig einzuladen. Ich gewöhnte mich daran, allein nach Haus zu kommen, die Aschekästen der Öfen zu leeren, das Feuer zu bauen und gelegentlich an den glühenden Briketts herumzuschieben, bis man die Ofentür verschrauben konnte. Dann wurde in kleinen Schritten der Thermostat des Radiators heruntergedreht. Nach Stunden, an Tagen klirrender Kälte, war das Arbeitszimmer warm genug, um am Schreibtisch zu sitzen. Und der Kachelofen, dann auch die Klappe des Abzugsrohrs geschlossen, hielt die Wärme bis in die Nacht.

Dies war das kleinere, innen liegende Zimmer, in das ich einen weißen Wollteppichboden gezogen hatte. Dort standen mein Schreibtisch, das war eine Tür auf Böcken, und ein einfaches Holzbett. Die mehrfach über-pinselte Textiltapete wurde zur Pinwand für Seminar-arbeiten, mit denen ich schlafen ging und aufstand. Das größere Zimmer, ausgestattet mit Sesseln um einen Tee-tisch, blieb ungeheizt. Dort legte ich alles ab, was ich zum Schreiben und zum Schlafen nicht brauchte, Bücher, Briefe, Negative, Positive, Kameras, Stative, Werkzeug, Hausapotheke und Kleidung.

Ein Jahr verbrachte ich in studentischer Ärmlich-keit, bis vier Dinge auf einmal geschahen: ich wurde fliegen-der Antiquar, ich schrieb für Zeitungen, ich wurde als Re-zensent von Verlagen beliefert, und ich fing an zu stehlen.

Das Erste, was ich mitgenommen hatte, war eine Postkarte in New York gewesen, und ich hatte ver-wundert registriert, dass keine Angst aufgekommen war. In einer Sommernacht war ich am Astor Place auf Straßen-händler getroffen, die – ich war dabei, einen schwarzen Kaschmirmantel anzuprobieren – eilig ihre Sachen zu-sammenräumten. Es war verlockend gewesen, das NYPD zu benutzen, um den Mantel zu behalten, aber stattdessen hatte ich abgewartet, bis die Nachthändler ihre Bündel wieder ausrollten, und ihn für fünfundzwanzig Dollar gekauft. Dieses Modell, die zwei Sphären, nahm ich mit zurück nach Berlin: die eine Sphäre, in der ich schnüffelte und mit Leuten sprach (da galten die Regeln des Tausches); und die andere Sphäre, in der ich segelte wie ein Geist, der unsichtbar macht, was er berührt.

Es war, als hätte ich ein Erkennungszeichen bekommen, diesen weichen, schwarzen Mantel, der leicht auf meinen Schultern saß und bis zu den Knien reichte, ein artiger Kragen und die Knöpfe sichtbar, das, was man einen unauffälligen Klassiker nennt. In diesem Gewand traf ich Lucie und Kathinka, oder eigentlich lief ich ihnen hinterher, um ihre Namen zu erfragen. Lucie war eine große, aschblonde Lady mit Vogelaugen, die ihre Zigarette hielt wie Marlene Dietrich; Kathinka war kleiner, das Haar so kurz, dass ihr Gesicht leuchtete wie ein Zinnmedaillon. Auf dem Schachbrett wären sie König und Springer gewesen, Lucie der mittellose Statthalter und Kathinka der Offizier, dessen freiheitliche Operationen den König von Drangsal freihalten.

Sie pendelten zwischen Dahlem und Moabit, wo sie nach einer gemeinsamen Wohnung Ausschau hielten. In diesem Winter aber wohnte Kathinka noch allein. Ich besuchte sie unter einem Vorwand und bewunderte die Einfachheit ihrer Ordnung, die Klarheit ihrer Diktion, die Wärme ihres Ofens, die Lässigkeit ihrer Gestik. Sie verbarg sich nicht, aber sie schüttete auch ihr Herz nicht aus. Ein paar Wochen brauchte es, bis ich begriff, dass auch sie regelmäßig in Neukölln war, zur Nachtzeit bei einem melancholischen Freund. Die Bitterkeit zog durch das Fenster herein wie die Winterluft, die von Treptow her nach Braunkohle roch.

Heute Abend, wenn Kathinka von der Arbeit nach Hause kommt, werde ich sie fragen, was sie gedacht hat, als sie meine Neuköllner Höhle zum ersten Mal sah, die

Mäntel an der roten Kordel hinter der Tür, das Monster-
sideboard von der Bundesbahn, die verstaubten Sisalsessel
im kalten großen Zimmer, das seit Tagen nicht abgeräumte
Frühstück auf dem Tisch in der Küche, den ich mittels des
Verlängerungsstücks auf sechs Plätze erweiterte, wegen der
Post und der Zeitungen. Sie brachte damals ihre Negative
mit, die sie auf einer Sommerreise fotografiert hatte. Ich
hatte das Labor schon vorbereitet, den Flur temperiert,
die Chemikalien in die Schalen gegossen, die Negativ-
bühne gereinigt. Seit Jahren hatte ich niemanden in mein
Labor gelassen.

Kathinka hatte keine gewöhnlichen Ferienbilder
gemacht, sondern mit ihrer Laienkamera zwei Dutzend
Genrebilder von Neapel fotografiert. Gegen die Düsternis
der Fassade hatte sie die Wäsche an der Leine wie einen
Fries in ihr Hochformat eingefügt, nicht ohne Geschick.
Ich zeigte ihr die Techniken des Vergrößerns: die Wahl
des Härtegrads, die Probe, das Abwedeln und Nachbelich-
ten, Ausentwickeln oder Stoppen. Schließlich schwamm
ein Portrait in der gelben Schale des Fixierbads, das sie
selbst unter der Sonne zeigte, kurz davor, in eine Melonen-
scheibe zu beißen. Ich machte davon ein Stillleben mit
der Polaroidkamera, um ihr zu zeigen, was ich nicht
brauchte, nämlich etwas, das sie übrig hatte.

Merkwürdig, auch Kathinka trug in diesem
Winter einen schwarzen Kaschmirmantel, dessen Kragen
aber nicht abgesetzt war, sondern den Mantel einfasste
wie ein geworfenes Band. Ihr war nicht entgangen, dass
ich unter meinem Mantel einen langen, neuen Kaschmirschal erster Güte trug, einen roten. Ich fragte, welche Farbe
sie wählen würde, sie sagte Schwarz.

Als ich Kathinka traf, hörte ich auf, nach Göttingen zu pendeln. Am Sonntag fuhr ich in den Tegeler

Kiefernwald, um allein zu sein. In der Neuköllner Höhle grübelte ich über Seminararbeiten, die Buchstaben von einer Elektrischen ins Papier geschlagen. Ich fuhr mit der U-Bahn durch verschlossene Bahnhöfe zu meiner Zeitung; mein Redakteur war bekifft. Ich verkaufte in den Gängen der Universität Bücher, das war nicht erlaubt und klappte gut. Zwischen Dahlem und Neukölln lag, wenn man wollte, das Kaufhaus des Westens. Dort ging man hinein, schob sich einen Kaschmirschal unter den Mantel und ging hinaus. Das dauerte vierzig Sekunden.

Kathinka nahm ihn. Wir sprachen über die Phobie des kleinen Hans. Als ich ihren Freund wiedersah, den Melancholiker, trafen mich seine schwarzen Augen wie Pfeile, etwas zwischen Verachtung und Alarm.

Alle Parterrebewohner Berlins misshandelten ihre Frauen, auch der kleine schielenden Blondgelockte, der unter mir wohnte, dumm war er nicht. Als er im Knast verschwand, blieb seine Frau mit dem Kind allein. Ich hörte ihre Thai-Rufe, dazu angetan, einem Einjährigen Vernunft beizubringen. Im Kupferofen ihres Bads verbrannte sie Reifenreste. Im Garten lag Gerümpel. Einmal war ich bei ihr in der Küche, die nicht aussah wie eine Küche, kein Herd, nichts.

Flucht mit Luxusware: Die Fuldastraße hoch, über die Sonnenallee hinweg, an Edeka vorbei, bei der 41 die Tür auf, durch den Hausflur, in den Hof, geradezu ins Hinterhaus, eine Treppe nach oben, von vier Türen jene halbrechts, und dann, in diesem hintersten Winkel, begann die Gegenwelt.

Ich hatte einen mausgrauen Behördenschrank erworben. Darin stapelten sich die Hemden von van Laack, die Bundfaltenhosen von Mason's, die Strümpfe mit dem eingewebten YSL-Signet. In der Küche sammelten sich

Schmuckstücke in Edelstahl und Silber. Bevor ich ins Bett ging, hörte ich von meinem gestohlenen CD-Spieler eine gestohlene CD. Der Mann unter mir war im Gefängnis, ich schlug seltene Wörter nach in gestohlenen Lexika.

Mein Anwalt, als sie mich bei Karstadt erwischt hatten, erklärte mir, dass es für mich, mit siebenundzwanzig Jahren, zu spät wäre. Das schrieb er auch dem ermittelnden Richter: Dass sein Mandant mit siebenundzwanzig Jahren zu alt wäre, um eine kriminelle Karriere zu beginnen. Die Soziologie der Kriminalität sei in dieser Frage eindeutig. Ich überlegte mir, ob ich ihm durch einen Akt des freien Willens recht geben sollte, und übte innerlich die Stimme der Reue für den Gerichtstermin. Stattdessen kam ein Zahlungsbefehl über sechshundert Deutsche Mark, viel, gemessen an meinen dürftigen Bezügen, wenig im Vergleich mit den gestapelten Gütern im mausgrauen Schrank. Hatte der strenge Vertreter eines gütigen Staates versucht, mir ein Angebot zu machen?

Neukölln war wie ein metaphysisches Gefängnis, eines, das nur aus einem Flur besteht, dessen Enden man nicht sehen kann. Was also tun. Am verlockendsten war es stillzustehen, zu bleiben, wo man war. Meinen Nachbarn Sven Radermacher hatte ich im Verdacht, es mit dieser Methode zu versuchen: Er hatte auf seinem Bücherbord das schwarzweiße Portrait eines Mädchens abgestellt, dessen Name sein Geheimnis war. Er brachte, nicht anders als ich, täglich neue Bücher in seine Wohnung, die er allerdings bezahlt hatte. Er war besessen von Antiquariaten. Und er las die Bücher. Wenn ich ihn fragte: »Was ist noch einmal dieser moderne Betrug am Mythos bei Adorno?«, dann hielt er mir ein feines Referat. Er wurde immer klüger. Bei hundert Mark Miete hatte er ein ganzes Leben vor sich als Privatgelehrter mit den Gesamtausgaben von Heine,

Benjamin und Tucholsky; und dem Bild des Mädchens, das ihn traurig machte, oder etwas viel Schlimmeres.

Metaphysisches Gefängnis: Ich lief ein paar Tage in die eine Richtung, kehrte um, grüßte Sven – der eine Ahnung vom Umfang meiner Diebstähle hatte – am Nullpunkt, und dann in die andere. Auf der einen Seite vermutete ich Wissen, Geld und Ruhm, auf der anderen Trunksucht, Liebe und Verbrechen. Aus einer Nachbarwohnung hörte ich den Streit eines Schauspielerpaares, das erregte Geschrei des Mannes, die verzweifelte Gegenrede der Frau: Die wussten auch nicht, wie man aus Neukölln herauskommt und zu welchem Ende.

Wo mein Elternhaus gewesen war, in der dehnbaren Logik graugekörnter Träume, hat sich Neukölln festgesetzt. Ich bleibe immer Mieter in der Fuldastraße, was ich daran merke, dass der Mietzins in bar auf meinem Briefkasten abgelegt ist, der Mietzins vieler Jahre, wenn ich ins Treppenhaus eintrete. Unbegreiflich, dass sich das Geld niemand genommen hat, und noch unbegreiflicher, wer es dort abgelegt haben sollte, wenn nicht ich. Dann zeigt sich, dass ich Bewohner der obersten Wohnung geworden bin, mit einer Öffnung zum Dachboden, zu den Dächern, all das meins, aber ungenutzt, eine gewaltige, uralte Konstruktion auf Balken, die sich biegen.

Schwedenschanze

Gegen fünf am Nachmittag wurde der Himmel schwarz, der See unruhig, dann ungestüm. Der Regen fiel plötzlich und unablässig, und wenn wir aus den Zelten krochen, keine Stunde später, war der Himmel blau, als wäre nichts geschehen. Am Abend flackerten Lichter auf über dem See, Lichter wie große Laternen, die, kaum entzündet, verloschen, um an anderer Stelle wieder zu erscheinen.

Am Tag gingen Bert und ich zu den Stegen, wo wir die Motorboote verglichen, spitze Nussschalen oder kleine weiße Festungen, alle mit amerikanischen Motoren, schwenkbar am Heck. Im Becken bildeten sich regenbogenfarbige Spuren, die sich unablässig ineinanderkringelten. Wir hatten selbst kein Boot und würden vielleicht nie eines besitzen, aber schließlich durften wir für einen schwäbischen Berufsschullehrer das Boot putzen und zierten uns dann nicht mehr, es in seiner Abwesenheit zu besteigen, was fast so aussah, als besäßen wir eines, Bert und ich.

In Holstein umstellt von der Schule – Schule in der Schule und zu Haus die Sorgen meines Vaters um seine Schule –, war all das in den Ferien vergessen, und die Ferien eines Schulmeisters waren lang. Wir hatten ganz Deutschland durchkreuzt, um hierher zu gelangen, wo unsere Welt noch nicht aufhörte, aber die andere schon begann; bei klarem Wetter zeigten sich die Alpen. Bert und ich, wir paddelten zur Insel Mainau, schlichen über die Plantagen in den Schmuckgarten und bestaunten die Orangen kostenlos in Badehosen.

Als ich mit zweiundzwanzig Jahren beschloss, am Bodensee zu wohnen, war ich, was meine Ambitionen betraf, ein Wrack. Mein Wille reichte nicht einmal so weit, mich zu exmatrikulieren. Es hätte nicht viel gefehlt und ich wäre nach Neumünster zurückgezogen und hätte, wie der schlichteste meiner Schulkameraden drei Jahre zuvor, eine Lehre bei der Post begonnen. Wahrscheinlich hätten sie mich nicht genommen, so wie in Konstanz, wo ich mich, nach einer Zeit der Untätigkeit, bei einem mobilen Würstchenstand bewarb.

»Was habbet Sie denn in dene drei vergangene Monate g'macht?«

Was hatte ich gemacht? Ich hatte die »Buddenbrooks« und den »Zauberberg« gelesen. Ich hatte in meiner kleinen Kammer die Fenster abgedichtet und mit meinem schwarzen Leitz Kleinbildnegative vergrößert. Die Fotografien fielen in zwei Kategorien. Die einen zeigten Motive der Stadt, in der ich nun wohnte, die anderen Nike. Es war erfreulich, wie das weiße Blatt – unter grüngelbem Licht im Entwicklerbad schaukelnd – Schwärzen zu zeigen begann, nicht eigentlich Schwärzen, sondern ein zartes Grau, das als Bogen ihre Brauen, als Punkt ihre Brustwarzen und Dreieck ihr Schamhaar andeutete, diese Formen in den folgenden zwei Minuten sich durchzeichnend bis in leibliche Schwärzen, und gleichzeitig erschien der feingraue Verlauf, das Volumen, begrenzt durch jene fast unsichtbare Linie, die die Kontur ihres Körpers gegen das Laken zeichnete. So zog ich sie eilig ins Stopbad, fünfundneunzig Prozent Wasser und fünf Prozent Essig, in den Fixierer erst mit der Schichtseite nach unten, so dass ich sie nicht sah, dann die Schichtseite nach oben, wo sie in einer Perfektion glänzte, die ein getrocknetes Bild niemals würde bewahren können.

Das Haus, in das wir gezogen waren, war nahtlos eingefügt in eine fünfhundert Jahre zuvor entstandene
Fassadenfront. Es hatte im ersten, zweiten, dritten und vierten Stock jeweils ein Fenster, bestehend aus zwei schmalen
Flügeln, diese in sich quergeteilt. Die vier Quadrate, die
sich daraus ergaben, rahmten einen kleinen Platz, der an
dieser Stelle die Durchfahrt der Altstadtgasse erweiterte.
Wenn ich aus dem Fenster sah, blickte ich in zwei Dutzend Gesichter, die, von den Gesten eines Stadtführers
gelenkt, an unserem Haus hochsahen, das als das schmalste
der Stadt galt. Es weckte die Vorstellung, die Zimmerchen
seien im Inneren des Hauses ohne jede Verbindung auf-
einandergestapelt.

Was nicht sein konnte: Die Eingangstür führte
in einen engen und langen Flur, der kurioserweise Fenster-
chen zum Schmuckladen im Erdgeschoss hatte und in
einem enggebauten Treppenhaus endete, über das die
Stuben von hinten zu erreichen waren. Eine Gaube im
vierten Stock, die einst Licht ins Treppenhaus gelassen
hatte, war aufgegeben worden zugunsten eines winzigen
Zimmers mit Aussicht auf den Hof, und dies war meine
Dunkel- und Schreibkammer. Da wir also zwei Zimmer
hatten, blieb zum gemeinsamen Leben das Zimmer vorn,
das niedrig war, aber nicht zu klein, um eine improvisierte
Küche, ein Doppelbett, einen Esstisch und einen Lese-
sessel zu beherbergen. Die Bäder, winzig, waren ebenfalls
Nischen im Treppenhaus abgerungen, so dass man wie im
Studentenwohnheim die Mitbewohner gelegentlich im
Schlafanzug sah.

Es war der erste von drei Versuchen, mit Nike
zusammenzuwohnen, und der glücklichste. Die Stadt war
klein, das Zimmer eng, die Zukunft zusammengeschmolzen
auf die Gegenwart. Nike war – das begann ich nun wahr-

zunehmen, nicht wissend, was daraus folgte – eine ideale Passantin auf dem Terrain der Zeit. Weder grübelte sie, noch machte sie große Pläne, und nichts gelang ihr besser, als eine Aufgabe zu übernehmen und auszuführen: die Quartalsabrechnung pünktlich und fehlerlos zu erstellen, einen Terminkalender zu führen, die Zirkulation der Patienten durch Sprechzimmer und Kabinen bei Nennung ihrer Namen. Es schien, als wäre sie dafür geboren, eine Spritze zu setzen oder einen Verband anzulegen. Manchmal schaute ich in der Praxis vorbei und ergötzte mich an der weißen Verkleidung ihres Berufs. Hatte sie ihre Pflichten, deren Überschaubarkeit ihr lieb war, erledigt, nahm sie sich, am Empfangstresen sitzend, ein Buch; nicht irgendein Buch, sondern einen der Klaus-Mann-Romane, die sie, in metallisch glänzenden Taschenbüchern soeben wiedererschienen, komplett durchfegte. Nike war also beides, passionierte Arzthelferin und unterforderte Angestellte, aber sie langweilte sich nicht.

Ich beging die Stadt bei Tag und Nacht. Mir gefiel die Bibliothek an der Ecke, in einem ehemals weißen Haus, das aussah wie nass geworden und wieder getrocknet, kein Fenster auf Maß, aber alle erleuchtet. Es gab ein Münster, dessen Grundfesten auf blasse Weise licht wie Fotografien des neunzehnten Jahrhunderts, krumme und abschüssige Gassen, Handwerksbetriebe in versteckten Lagen, einen traditionellen Platz mit einem altertümlichen Kino, der Platz über eine gekachelte Unterführung verbunden mit dem Hafen. Dort war das Licht nicht mehr schmutziggrün und altrosa und blaue-Stunde-blau, sondern gräulich und weißlich und silbern, die Anlage utilitär und zeitlos, Denkmal ihrer selbst im Winter, Seevögel in Scharen.

Ich ignorierte Konstanz, soweit es zum deutschen Festland gehörte, und beging ausschließlich diesen Teil der Stadt, der nördlich vom Rhein und südlich von der Schweiz begrenzt war. Da gab es die Altstadt, in deren Mitte wir wohnten, und jenseits des Rings ein regelmäßiger gezogenes Viertel mit respektablen Wohnbauten, das sich Paradies nannte. Es nahm den Rest der deutschen Enklave ein, die durch vier Grenzübergänge mit der Schweizer Stadt Kreuzlingen verbunden war. Obwohl: der vierte Übergang, der Gottlieber Zoll, führte aufs freie Feld. Dort ging ich in die Schweiz und sah mir bei Schnee das Paradies von hinten an, eine artige, brummende deutsche Stadt, die man, um auf keinen Fall die Dächer der Schweizer zu treffen, vom Bombardement ausgenommen hatte.

Unten im schmalen Haus wohnte ein junges Paar, still und melancholisch. Darüber wohnte Lutz, der an einer lokalen Schule Illustration gelernt hatte und seinen Tag im Café jenseits des Platzes verbrachte. Dort sortierte er die Teenagermädchen, die er einzeln in sein Zimmer mitnahm, aus dem man am frühen Abend hinter der ver- schlossenen Tür Cat Stevens hören konnte. Traf man eines der Mädchen auf der Treppe, war ihm die Verwirrung ins Gesicht geschrieben. Nach ein oder zwei Wochen würde es ausgetauscht. Darüber wohnte Harriet Wenk, die eine dicke Dissertation über Walter Benjamin ge- schrieben hatte und es mit dem Abwasch nicht so genau nahm. Oben hatten wir uns eingerichtet. An der Decke erschienen verspielte Lichter und Schatten, während wir uns auf dem Bett vergnügten, endlich zu zweit allein, hungrig nach mehr; wie Embryozwillinge im Körper der Stadt geborgen.

Der Bodensee lebte aus der Kindheitserinne- rung weiter, das Kloster Reichenau, die Überfahrt nach Meersburg, die Stadtinsel Lindau, das bäuerliche Schweizer Ufer, der Besuch in Zürich: eine mächtige weiße Stadt. Es war die Märchenwelt, in der ein Mädchen namens Gaby wohnte, von den Eltern Gop-pi gerufen. Die würdige Nachfolgerin unserer ersten Ferienliebschaft Katrin Sturm im Schwäbischen, war sie mit ihren neun Jahren zu jung für Bert und mich, was uns nicht davon abhielt, täglich ihre Gesellschaft zu suchen. Wir begannen das alemannische Deutsch aufzuschnappen. Die Eltern, Gäste auf dem Campingplatz in Dingelsdorf wie wir, waren von unbeugsamer höflicher Freundlichkeit; wo hatten nur die Schweizer das Fiese gelassen? Gaby war blond, mit einem Gesicht, das Farbe annahm, rund und sanft.

In jenem Sommer hatten meine Eltern entgegen ihrer Gewohnheit den »stern« gekauft, auf dessen Titel erwachsene Menschen zu sehen waren, die von der Polizei gesucht wurden. Ich las den Bericht komplett, fasziniert von den Unsichtbaren mit der Knarre, die glaubten, aus irgendetwas, ich wusste nicht woraus, »die Konsequenz« gezogen zu haben. Sie hatten wohl studiert; ihre Eltern waren Pfarrer und Lehrer; ihre Berufswahl war allerdings ungewöhnlich ausgefallen. Durch das Dickicht des Schreckens, das ihr Auftauchen begleitete, schimmerte die Möglichkeit, durch schieren Willen die Geschichte umzuschreiben. Dass man sie nicht zur Rechenschaft ziehen konnte, erhöhte ihren Ratschluss beinahe zur Weisheit, eine Formel, die allein sie kannten – Rumpelstilzchen.

Zehn Jahre hatten diesen Leuten genug Zeit gegeben, sich zu entfalten. Ich hatte mir sogar die Mühe gemacht, die erste Generation der Gefangenen im Stammheimer Gerichtssaal zu bestaunen. Inzwischen war mir klar, dass ihre Anhänger Eiferer waren, Verblendete, die eine verbohrte, unverständliche Sprache sprachen. Niemals würde ich so zu sprechen lernen. Und doch hatten sie, wahrscheinlich weit jenseits ihrer Absicht, die Nachricht

gestreut, dass man abtrünnig werden könnte, die Norma-
lität als Deckung und dann die Unsichtbarkeit, »die Konsequenz«. Dies hatte sich wie ein schwarzer Auftrag in
mir festgesetzt – ich wusste nicht, ob in mir allein und
falls in anderen auch, in welchen und wie vielen –, so dass
der Kalendertag unterhöhlt war von einer anderen, einer
heroischen Zeit. Kein Wort davon zu Nike.

Ich bewunderte alle, die es geschafft hatten, sich
in der Schweiz Quartier zu verschaffen; das brauchte Geduld mit den Behörden, die ich nicht hatte. Dieter war so
einer, ein näselnder Germanistikstudent, begeisterter Anhänger der Zeitschrift »Titanic«. Er nahm den Gottlieber
Zoll mit seinem alten VW Käfer und fuhr einen halben
Kilometer in die Schweiz hinein. Da war er zu Haus, allein in der Landschaft. Dieter aber quälte sich täglich mit
seiner Furcht, denn er hatte sich durch seinen Schweizer
Wohnsitz dem Gestellungsbefehl der Bundeswehr entzogen; jeder Grenzübertritt, so beschaulich er sich aus-
nahm, barg die Möglichkeit, verhaftet zu werden. Und
genau das wäre meine Situation gewesen, wenn ich mich
durch einen Umzug nach Berlin entzogen hätte. Schließlich verlor Dieter die Nerven und stiefelte in die nächste
bundesdeutsche Polizeiwache. Es war dies, was mich dazu
brachte, mein falsches Studententum aufzugeben und
mich nach einer passablen Zivildienststelle umzusehen.
Ich staunte über die freundlichen Bedingungen: ein Ar-
beitstag von halb acht bis vier, mit allerlei Vergütungen,
weil ich nicht am Dienstplatz schlief und abends nicht
verköstigt wurde.

Der Tag begann mit einer Fahrt über den Rhein,
auf der Südseite der Landzunge vorbei an Allensbach,
links eine beschauliche Seetasche mit der quecksilbernen
Insel Reichenau, vor Radolfzell nördlich abbiegend, um

etwas später den Überlinger See an seinem Ende zu um-
fahren, und dann hinauf die kleinen Straßen Oberschwabens, bis zu einer entlegenen Obstplantage, um ein blondes
Mädchen aufzunehmen, das auf der Hinterbank des Ford
Transit festgeschnallt wurde.

Das war Kristina, eine kräftige Fünfzehnjährige,
die mit strahlenden blauen Augen, die Arme rotierend
auf mich zulief und Vokale aus sich herausstieß, um im
letzten Moment wie eine Trunkene beim Tanz abzudrehen.
Das Mädchen war auf dem Hof selbst für die einfachste
Arbeit nicht zu gebrauchen. Man sah den Eltern die Güte
an, eine erzwungene Güte, die schon lange nicht mehr
gedeckt war durch Kraft und Geduld. Sie waren froh,
wenn ich kam, als Bote einer zurechnungsfähigen Welt,
und sie waren weniger glücklich, wenn sieben Stunden
später der rote Transit wieder auf ihrem Hof erschien.

Auf dem Rückweg stieg bei Radolfzell Lothar
zu, ein dicklicher Junge mit einer getönten Brille, der jede
praktische Frage zu beantworten wusste und deshalb, wie
ein Kopilot, auf dem Beifahrersitz Platz nahm. Bis in die
Vororte von Konstanz füllte sich der Bus mit den »Kindern«, wie man an der Schwedenschanze sagte. Der vorletzte Halt fand in einer kleinbürgerlichen Wohngegend
statt, am Straßenrand eine ausgemergelte Frau, überragt
von ihrem Sohn, der sich an ihren Arm klammerte, blind.
Zuletzt kam Patrizia dazu, die aus einem Rollstuhl heraus
in den Bus geladen werden musste, auf den letzten noch
freien Platz an der zurückfahrenden Tür. Patrizia wog
nicht viel, ein Mädchen mit einem langen Gesicht, das sie
in Freude zurückwarf, wenn sie sich uns anschließen
durfte. Patrizia, so schmal, die Bluse gebügelt, daran eine
Brosche, ein Band im Haar: Niemals wäre ihrer Mutter
der Gedanke gekommen, dass dieses Kind ihr eine Last

sein könnte. Nicht mehr und nicht weniger als andere Kinder. So luden wir mit Patrizia die Liebe ihrer Mutter ins Auto, die uns den ganzen Tag nicht mehr verließ, so wie der Mond das Licht der Sonne weiterträgt.

In der Zufahrt der Kindertagesstätte trafen sich die vier Busse, die Kinder liefen ins Gebäude oder wurden wie Patrizia – ihr blauer Rollstuhl wieder aufgefaltet und sie hineingelassen – geschoben. Kam man ins Gebäude, fiel einen der Geruch von Urin an, ein wärmlicher Hauch, der von der mangelnden Körperkontrolle mancher der Behüteten kündete, untermischt von den Gerüchen der Küche. Hier trennten sich die Wege der Fahrer: Hausmeister Klaffke ging seinem Handwerk nach, Fahrer Petermann fuhr nach Haus oder zu anderen Jobs, Zivi Klaus war als Springer für allerlei Dienste eingesetzt; und ich wurde einer Gruppe zugeteilt. Man ließ mich wissen, eine pädagogische Stelle sei von der Bundesbehörde nicht genehmigt worden – mein Einsatz, jenseits des Fahrens, war also geheim.

Es war leicht, von jemandem wie Heidrun zu lernen, einer jungen Frau von enormer Ruhe, die sich dem Einzelnen zuwenden konnte, ohne den Überblick zu verlieren, die handwerklich geschickt war, ohne dafür beachtet werden zu wollen, die ihre Sätze zu Ende sprach, auch wenn der Adressat kein Wort zu artikulieren in der Lage war. Sie begriff, dass die »Kinder« in Wirklichkeit Pubertierende waren. Nur dass ihnen jede Vorstellung von Zukunft fehlte. Die Riten ihrer Verwirrung waren auf Wiederholung programmiert.

Allein einem Jungen namens Stefan war es gelungen, daraus eine Tugend zu machen. Er richtete sich im Tag ein wie ein König, hielt unsere Gruppe bei Laune und verschwand vor dem Mittagessen in der Küche, um sich bei der Köchin, wie er selbst, mit den Konsonanten hadernd, verkündete, ein Küsschen abzuholen. Stellvertretend für alle anderen hielt er die Vermutung aufrecht, die Mutation des Gens sei eine Botschaft an die Menschheit, die dieser dringend bedurfte.

Die meisten allerdings waren durch Komplikationen vor, während und nach der Geburt »geschädigt«, wie es in den Akten hieß, die ich lesen sollte und las, verwundert, wie wenig sich sagen ließ über die Durchkreuzung des cerebralen Musters, die Löschung von Speichern, die wie willkürlich geknüpften Nervenbahnen. Lothar besaß Vernunft, so sehr, dass man ihm ohne weiteres eine Zeitung gegeben hätte, die er jedoch niemals hätte entziffern können; er reagierte auf Überforderung schamhaft. Martin war ein schmaler, starker Junge von spitzer, unbändiger Energie, der als stumm galt. Er brachte nicht viel mehr hervor als ein blasenhaftes Ringen nach Worten, ein Stottern ohne Klang; aber seine Antennen für Gelingen und Versagen waren feiner als Lothars in seinem phlegmatischen Kokon, als Stefans ohnehin, der Versagen gar nicht kannte.

Am ersten Tag ertönte in der Gruppe eine Trompete, ein sagenhafter Furz, der Kristina entfahren war. Ich war, ohne es selbst zu wissen, ein schüchterner Junge, der mit guten Manieren aufgewachsen war, und errötete, was ich zu überspielen versuchte, indem ich das Fenster weit öffnete, zum Amüsement der Gruppe. Heidrun, unschlagbar gleichmütig, sagte, dies sei bei Kristina ein genetischer Defekt, die Winde würden nicht riechen und es käme des Öfteren vor – was sich bald darauf als richtig erwies, und ich musste lernen, das Tuten zu ignorieren und das kollektive Grinsen der Gruppe, das darauf folgte, ebenfalls.

Martin aber hatte, das war klar, an der Situation Gefallen gefunden und sah mich noch einige Tage erwartungsvoll an, wenn Kristina ihren genetischen Defekt hören ließ. Er mochte mich. Nach wenigen Wochen hatten wir unseren ersten Kampf, einen Ringkampf, nicht brutal, aber doch ein echtes Kräftemessen. Das Phänomen wurde geduldet: Jeder sah, dass es Martin gefiel und keiner zu Schaden kam. Wir trennten uns jeweils nach einer Minute erhitzt und hochrot, uns zur Versöhnung auf die Schulter tappend. Er versuchte auch zu sprechen, und mir schien, er wäre nahe dran.

Gelegentlich gingen wir ins Schwimmbad, wo ich unter der Dusche mit den Jungen allein war. Ausgerechnet der blinde Junge war es, der den anderen seinen Halbsteifen darbot, ein satirisches Fest, das ich nicht wahrzunehmen vorgab. Der blinde Junge hieß Ulf; er nannte mich »Herr Ziegler«, wobei er den Namen auf der ersten Silbe dehnte und auf der zweiten Silbe abfallen ließ wie ein bettelndes Kind.

Ulf hatte ein langes, bleiches Gesicht und rollte unablässig seine stumpfen Augen. Er bekam bei Frau Cohen wöchentlich Unterricht in Braille, was allerdings bei einem Buchstaben pro Jahr nicht in Alphabetismus münden konnte. Er hatte es noch schwerer als die anderen Jungen, sich Mädchen zu nähern, was er dadurch ausglich, dass er einfach nach ihnen griff und sie an sich zog, als wären es lebensgroße Puppen, ein Akt der Zärtlichkeit, der manchmal für Sekunden glückte und immer in Gezeter endete. Gelegentlich schrie ein Mädchen laut auf, das neben ihm saß, dann hatte er es unter dem Tisch gekniffen. Während er den Angriff in seinem Kleinkindtonfall leugnete, war ihm das Grinsen gefroren, und die Augen drehten sich rhythmisch nach oben, das reine Weiße zeigend.

So bekam ich die Aufgabe, erst gelegentlich und schließlich täglich, den Jungen auf einen Spaziergang

mitzunehmen. Er hatte meine Größe und hielt, am Ellenbogen gesteuert, kräftig Schritt. Auf diese Weise beging
ich die Stadt noch einmal, wobei ich natürlich meine Gedanken über ihre Fotografierbarkeit, über verbrauchte
Perspektiven und mögliche Neuerungen, für mich behielt. Aber ich ließ ihn wissen, wo wir waren, wann wir
den Zeitungsladen, den Käseladen und das Schuhgeschäft
passierten. Er wollte die Geschäfte betreten, ich versuchte
es ihm auszureden. Dann aber, als ich nachgab, zeigte
sich, dass er sich die Namen der Kaufleute und Laden-
mädchen merkte und sie sich freuten, von ihm besucht
und angesprochen zu werden, auch wenn es nichts anderes auszutauschen gab als Nichtigkeiten. Ulf wurde langsam eine kleine Berühmtheit. Er war jetzt achtzehn und
zeigte sich in seiner Stadt. Ohne eine geringste Ahnung
davon zu haben, schob er auch mich in die Sichtbarkeit.
Ich wurde plötzlich gegrüßt, selbst wenn ich allein war.
Als wäre unsere Namensgleichheit Schicksal, der eine als
Stellvertreter des anderen.

 In unserem schmalen Häuschen hatten wir
Besuch von Kakerlaken bekommen, kleine, flinke grau-
braune, erst vereinzelt und gelegentlich, dann in Kolonnen,
Haustiere, die Harriet Wenk über ihre Habilitation gebeugt gezüchtet hatte. Bei Gelegenheit hatte sich eine Maus
durch eine Schwachstelle zwischen Fußleiste und Wand
gebissen, eines Nachts ihren Fluchtweg über unser Bett
abkürzend. Die Tage hatte ich in der kleinen Kammer verbracht, feilend an den ersten Seiten eines Romans. Gleichzeitig hatte ich einen Leporello mit sämtlichen Ansichten
von Konstanz geklebt, die ich auf mühevollen Expeditio-
nen mit der Architekturkamera zusammengetragen hatte, diese einem lokalen Verleger gezeigt, der mich fragte,
ob man nicht dasselbe auch in Farbe machen könnte.

Schließlich fanden Nike und ich eine Wohnung in der Huetlinstraße, der vorletzten Gasse der deutschen Altstadt. Wenn ich das Haus verließ, überquerte ich eine Straße, die auf den Grenzposten zulief, so dass ich, um in die Schwedenschanze zu kommen, mich im Sommer zwischen gestauten Autos hindurchfädeln musste, Familien auf großer Fahrt, glühend vor Erwartung. Die Schwedenschanze war ein Bogen entlang der Schweizer Grenze. An einem Grundstück wurde per Plakette eines Hitlerattentäters gedacht, dessen Flucht vor seinen Schergen hier geendet hatte. Das nächste Grundstück war die Kindertagesstätte, deren hinterer Gartenzaun der Grenzzaun. Es ging auf Weihnachten zu, die »Kinder« bekamen Ferien, aber wir, Zivi Klaus und ich, mussten unter der grimmigen Anleitung von Hausmeister Klaffke den Garten bestellen.

Unsere Ferien waren lang gewesen, damals. Sie begannen am Tag der Zeugnisvergabe, das Auto schon gepackt, um vier über die Elbe, um sechs am Harz vorbei, am Abend ein Campingplatz im Fränkischen. Der Bodensee war der Fluchtpunkt gewesen, das äußerste Denkbare einer Reise, kein Dissens, kein Genörgel, kein Wieso. Wiedersehen mit Gop-pi, ihr wie geschnitztes Hochdeutsch. Wiedersehen mit dem Berufsschullehrer. Aus seinem Boot schallte: »Where's your momma gone? Far, far away. Where's your poppa gone? Far, far away.« Er machte sein Versprechen wahr und setzte uns auf Skier und zog uns mit dem Boot über den See; zweihundert Meter Maximum, bis ich stürzte. Es tat nicht weh. Es war nur etwas weniger imposant als gedacht.

Nun also zehn Jahre später, elf, im Frühjahr würde ich vierundzwanzig werden. Sobald ich mit Ulf allein war, ließ ich mich ins Schwabenalemannische gleiten, der blinde Junge wunderte sich nicht. Er war unruhig und unzufrieden, kein allzu geliebtes Kind gewesen, und nicht so schwach im Kopf, dass er die Nachteile seiner Blindheit nicht hätte begreifen können. Nichts war ihm lieber als die Zuwendung, das Traben durch die Stadt, um alles zu sagen, was ihm einfiel, es zu wiederholen, Ja, Ulf, morgen gehen wir schwimmen, Herr Ziegler, morgen gehen wir doch schwimmen, Ja, Ulf, morgen geht's wieder ins Schwimmbad. Mir begann das zu gefallen. Ich scherzte mit Stefan und balgte mich mit Martin und hob Patrizia aus dem Auto in ihren Rollstuhl, freudiges Wiedersehen mit der Mutter. Mit dem roten Bus über die verschneiten Straßen Oberschwabens, hier gab es noch Überland-leitungen, knorrige Apfelplantagen, Traditionshöfe wie der, auf dem ich Kristina herausließ. Eine dreiviertel Stunde Rückweg, allein über der Straße thronend; fast ein eigenes Motorboot.

Einige Wochen bevor ich die Dienststelle ver-ließ, war etwas Seltsames geschehen. Es war ein Gerücht über mich im Umlauf, ich habe über Patrizia gesagt, sie stinke wie eine Leiche. Heidrun hatte mich sofort gewarnt, ich war zur Leiterin gegangen und hatte klargestellt: Ich habe das nie gesagt, nicht gedacht, auch nichts Ähnliches gesagt, das man so hätte missverstehen können, und wie sie wisse, entbehre es jeder Grundlage; Patrizia, aus-gerechnet! Sie war nicht dumm, die Leiterin, sie kannte ihre frömmelnden Erzieherinnen, den ganzen intriganten Haufen. Die Wucht der Lüge aber blieb; die üble Absicht in reiner Form, das hat mich nie verlassen.

Nike, übrigens, war gefeuert worden; sie las jetzt ihre Bücher zu Haus. Mit einem VW-Bus voller Sachen waren wir eingezogen. Als wir davonfuhren, war es ein Lastwagen aus Kreuzberg mit dem Symbol eines See-hunds drauf. Ich versuchte, nicht an Martin zu denken, der – aber das war es, woran ich nicht denken wollte – begonnen hatte, fast tonlose Worte an mich zu richten, unterlegt von einer Schwingung seines Kehlkopfs, dem Ruf des Esels nicht fern. Wir hatten nachts geladen und nahmen am Morgen die Route meiner Dienstfahrt, mit Blick auf die Reichenau, vorbei an Allensbach, Radolfzell, Singen, Autobahn. Ich dachte an Martins Erregung, als ich am ersten Tag so rot geworden war. Erst jetzt begriff ich; er konnte ja nicht einmal hören.

Dorstfeld

So wie viele, die aus dem Ruhrgebiet stammen, und manche, die dort siedeln, entwickelte auch ich, kaum dass ich angekommen war, einen Stolz, im Pott zu leben. Vielleicht ist es auch kein Stolz, sondern Trotz, das Beharren auf dem Vorteil des Rückzugs, der kleinen Option, dem Anfassbaren vor dem Abstrakten. »Fotografie, das hat doch keinen Geist«, hatte mein Vater gesagt, und das fand ich auch, oder ich hoffte es, sie sollte derb sein, männlich, rücksichtslos und schnell, so stellte ich mir das vor, obwohl ich dann doch zurückgeschreckt bin vor dem Symbol dieser Anschauung, einer schwarzen Lederjacke.

Schnell fand ich heraus, dass es nur einen Professor gab, der, als handele es sich um eine Akademie, eine »Klasse« hatte, und das war Nolte-Uhlig. Es war nicht allzu schwer, aufgenommen zu werden; die Schwierigkeit bestand darin zu bleiben. Nolte-Uhlig, mit einem langen, bronzenen Gesicht und einem weißen Mecki, hielt sich für einen Meister in der Philosophie des Zen, jemand, der einem nicht sagte, wie es funktioniert, sondern seine Zöglinge einbindet in eine Schule der Einfühlung, er allein im Besitz der Wahrheit.

Quartier war nicht schwer zu finden gewesen. Der Student hatte am Telefon gesagt, das Heim habe zwar einzelne Apartments, man pflege aber eine Hausgemeinschaft; ich solle mich vorstellen. Der junge Mann öffnete die Tür nackt, bat mich gegen meinen Widerstand in sein Fünfzehn-Quadratmeter-Zimmer und trocknete sich erst einmal gründlich ab, bevor er anfing, sich anzukleiden. Da ich als Fotografiestudent zuzog, war seine Idee von Gemeinschaft, dass das ganze Wohnheim mein Labor benutzen dürfe; was ich zusagte, finster entschlossen, es zu verhindern. So bekam ich die Adresse des Universitätsbüros, bei dem ich unterschrieb. Anders als das Zimmer des Nackten lag meines dann zur Straße hin, eine vierspurige Innenstadtstraße mit zwei Straßenbahngleisen in der Mitte, nur Nachkriegsbauten in Sichtweite, kein Baum, kein Bäumchen, kein Rasen, kein Unkraut, ja, wie ich schließlich feststellte, noch nicht einmal eine Topfpflanze in einem der Fenster gegenüber. In meinem Fenster ohnehin nicht, ich wäre nicht drauf gekommen. Morgens um sieben vibrierte das Zimmer von den Motoren der Lastwagen. Aber die Küche, lichtlos eingezwängt zwischen Zimmer und Hausflur, war die ideale Dunkelkammer. Für mich allein.

Der Weg mit der Straßenbahn durch ganz Dortmund bis hinaus nach Dorstfeld und vom Dorstfelder Hellweg aus zu Fuß hinauf zur Schule war mühsam, aber schon nach wenigen Tagen wurde ich von einem Saab abgeholt, einem missmutig aussehenden Automobil zwischen Ei und Gurke, am Steuer Willi, neben ihm Nicole, hinten dann ich.

Wir drei und Boris waren die Einzigen aus dem ersten Semester, die den Wunsch verspürten, sich der Klasse Nolte-Uhlig anzuschließen. Die Klasse dauerte vom Montagmorgen bis zum Dienstagnachmittag. Am Montagmorgen stieg Nolte-Uhlig am Dortmunder Hauptbahnhof aus dem Abteil erster Klasse, überflog die Gruppe flüchtig mit bleiernen Augen und reichte einem jungen Glatzkopf seine Aktentasche. Dann fuhr die Autokarawane – vorweg ein alter Ford und hintendrein Willis Saab – nach Dorstfeld. In dem backsteinroten Gebäude hatte Nolte-Uhlig nicht mehr als einen Büroraum.

Er bezog hinter einem überdimensionierten Schreibtisch Position. Es gab einige Stühle, aber nicht genug für alle, fünfzehn, manchmal zwanzig Studenten, die sich ihm zu Gefallen als Schüler bezeichneten. Manche saßen auf der Heizung, auf dem Fensterbrett, manche standen. Nolte-Uhlig erwartete für die zweimal acht Stunden, die er aus Hamburg gekommen war, komplette Präsenz. Wer eine Aufgabe glaubte gelöst zu haben, legte ihm eine Serie von schwarzweißen Bildern auf den Tisch, nie weniger als sieben. Waren es fünfzehn oder zwölf, verschaffte sich Nolte-Uhlig einen Überblick und sortierte dann aus, so dass am Ende immer sieben oder acht Bilder auf dem Tisch lagen: das große Ganze, Details zum großen Ganzen, illustre Bemerkungen am Rande – in dieser Art. Hatte man der Prozedur zwei Tage zugesehen, wurde deutlich, was man von ihm lernen konnte.

Kaum hatte ich gesagt, vom Rücksitz des Saabs, eine Wohngemeinschaft sei eine gute Idee, taten die beiden eine Bude in Dorstfeld auf. Nicoles Mimik, wenn sie lachte, hätte auch Weinen bedeuten können, und sie war nah dran, sich in die Hose zu machen, als sie mir erzählte, wie Willi in der leeren Wohnung den humpelnden Vermieter begrüßt hatte: »Na, von der Leiter gefallen?« Der Vermieter hatte ungleich lange Beine.

Es war ein grauer Klotz mit Vorgarten, die Wohnung im zweiten Stock schon angeschrägt vom Dach. Die Zimmer wurden ausgelost. Willi zog sich das einzeln gelegene Zimmer mit Blick zur Straße. Ich bekam den Eckraum mit Fenstern zur Straße und zum Nebenhaus, sehr hell. Nicole musste sich mit dem Durchgangszimmer abfinden; und dieses lag vor meinem. Fortuna, die die Lose verteilte, war genauso blind wie ich für den Umstand, dass Willi und Nicole dabei waren, ein Paar zu werden.

Allerdings bekam Nicole zusätzlich die Abstell-
kammer als Dunkelkammer, ein fast drei Meter langer
Schlauch. Willi und ich mussten unsere Fenster an Labor-
tagen schwarz abkleben. Kaum eingezogen, nahmen wir
den Betrieb auf, tauschten die Geheimnisse für Negativ-
und Positiventwicklung, und trafen uns an der Badewanne,
in der unsere Bilder unter dem Durchlauf des Wassers
zirkulierten, abtauchten, sich einrollten und wieder ent-
falteten oder, wenn sie sich mit der Schichtseite begegneten,
wie illegitim Liebende verbanden, die man gewaltsam
trennen muss.

Unter uns wohnte ein arbeitendes Paar, das man
– inklusive Frisuren und Opel – aus den sechziger Jahren
in die beginnenden achtziger herübergebeamt hatte. Sie
waren nicht sehr glücklich über die bis spät in die Nacht
über ihnen trampelnde Horde und das stundenlang lau-
fende Wasser. Als sie sich daran gewöhnt hatten, kamen
Querflöte und Tenorsaxophon dazu. Andererseits blieb
unser Aufenthalt in der Teutoburger Straße mit nicht
einmal zwei Jahren eine Episode.

Gegenüber lag eine Sonderschule oder eine
Schule für Kinder mit extremen Verhaltensweisen, die
ihre Pausen deshalb schichtweise betrieb, nie mehr als ein
Dutzend Schüler zur gleichen Zeit. Dass diese nach Schul-
schluss in unserem Vorgarten tobten, störte wiederum
Gulli, der arbeitslos mit Frau und Kind im Erdgeschoss
wohnte, darauf wartend, dass Hoesch wiedererstehen
möge wie Phönix aus der Asche. Gulli meinte, weil wir
doch immer Kameras um den Hals trugen, sollten wir die
Delinquenten im Vorgarten bei Gelegenheit fotografieren,
ein deutlicher Hinweis darauf, dass er keine Ahnung hatte,
warum wir Fotografen waren. Oder weshalb wir dachten,
dass wir welche werden würden.

Anfangs verbanden uns Nolte-Uhligs Schul-
aufgaben, zuerst die Eltern zu portraitieren, dann den
Partner, als Nächsten den besten Freund und am Ende des
Semesters einen Polizisten zu Haus und im Dienst. Nolte-
Uhlig und zwanzig Gaffern meine Eltern im Einfelder
Halbhaus vorzuführen war schon schmerzhaft genug
– und sollte es, im Sinne des Gurus, auch sein –, aber beim
besten Freund nahm ich eine Abkürzung und fotografierte
Willi: Willi beim Fotografieren, Willis Hände unter dem
Licht seines Vergrößerers, zwei Stilleben aus seinem
Zimmer, und sein Konterfei wie eine Spielkarte gespie-
gelt im Dach seines Saabs. Da kannte ich Willi keine zehn
Wochen; falls ich ihn jemals kannte.

Er war der zweitgeborene Sohn eines Bremer
Kaffeeimporteurs, seine Mutter aus Patagonien, sein Vater
Hanseat. Aus der südamerikanischen Linie stammte seine
cäsarische Nase, die besonders schmal geraten war, wie
überhaupt sein Gesicht, ein helles, nach vorn davonflog
und nach hinten schmal blieb, als sei es dafür geschaffen
worden, auf zwei Seiten einer Medaille abgebildet zu
werden; selbst wenn man ihn von vorn sah, dachte man
an sein Profil. In Rio de Janeiro geboren, war er erst zur
Einschulung nach Bremen gekommen, was für seinen
suchenden Gestus in der deutschen Sprache der Grund
sein mochte. Mit elf Jahren auf ein Internat geschickt,
hatte ihn die Mutter nach dem Herztod des Vaters zu sich
zurückgeholt, da war er fünfzehn. Jene seltsame Melange
aus elitären Marotten und oberschülerhafter Volkstüm-
lichkeit war das Ergebnis.

Gelegentlich mussten wir ihn suchen. Eine Party,
die ihm nicht gefiel, ein Besuch im Musikclub, der zu lange
dauerte, plötzlich war Willi weg. Sogar in der Teutoburger
Straße, wenn der Besuch zu zahlreich war oder zu lange

blieb, verschwand Willi grußlos, niemand hatte ihn gehen sehen. Er tauchte dann spät in der Nacht wieder auf, oder erst am nächsten Tag, weder sich erklärend noch uns Vorwürfe machend. Es zeigte sich, dass es zwecklos war, seine Motive zu erforschen. Gelegentlich erfuhr man Wochen später, aber nicht von ihm, bei wem er genächtigt hatte.

Der Hang zur Willkür fand sich in seiner Anwesenheit wieder. Er machte drei Wochen lang keinen Abwasch, aber dann manisch »klar Schiff«, wie er das nannte, in der Küche. Er schwieg über Stunden und gab in unvorhersehbarer Wendung den Entertainer, quasselnd oder als Pantomime. Willi schloss sich für viele Stunden ein, man hörte das Hämmern seiner Schreibmaschine, allerdings nur für Minuten und dann lange, lange Stille. Ich bemerkte, dass ein Blatt in der Schreibmaschine steckte und langsam einstaubte. Schließlich war die Neugier stärker, und ich las:

»Es ist doch so, dass manche inneren Ströme, abgesehen von solchen, die man sich durch Bildung angeeignet hat, in allem, was die Dinge der Wahrnehmung berührt, aber auch das, was von dem Wahrgenommenen bleibt oder nachts gelöscht wird, vielleicht dunkler, als man glaubt, jedenfalls im Kern nicht sagbar, auch wenn«

Ich hatte kein Ahnung, was Nicole meinte, ich solle ihr von der Bäckerei »'n Teilschen« mitbringen, aber langfristig wollte mir scheinen, als trage ihr rheinisches Gemüt genau die Farben, die dem Ruhrgebiet fehlten. Ihre Kamera hatte sie mit lila Decofix beklebt, damit sie naiv aussah; blond, glaubte sie, sei sowieso günstig, blond sei dumm. Sie sammelte Liebespaare, irgendwelche Fremden, die sie mit ihrem beschwingten Dialekt ansprach und frontal portraitierte, sehr geschwind, bevor die Luft raus war.

Ihr Zimmer hatte sie mit einem gewaltigen weißen Vorhang versehen, der das Eck abteilte, das meine Tür mit dem Rest des Hausflurs verband. Allerdings war die Aufhängung etwas unstabil, so dass ich eine Menge zu sehen bekam von dem, was weder Ordnung noch Unordnung repräsentierte, sondern das Protokoll einer Methode war, die zwischen Produktion und Konsumtion keinen prinzipiellen Unterschied kennt. Wie sie unter Dampf stand, konnte man in der Küche sehen, wo der Schnellkochtopf aktiv war, das Fenster beschlagen, das Wasser schon fast heruntergekocht – das war die Vorbereitung für die nächste Tasse Kaffee, die, wenn schließlich doch hergestellt, im Labor, im Bad, in ihrem Zimmer zu stehen kam und dort vergessen wurde. Vier, fünf, sechs Stück in der Wohnung versteckt, und weitere waren mitgenommen worden ins Auto, ja, Nicole trank Kaffee hinter dem Steuer ihres kleinen Audis, stak im Restkaffee ihre Zigaretten aus und vergaß auch diese Tassen – große, schwere Keramiktassen – unter dem Sitz und vor dem Rücksitz und auf dem Nebensitz zwischen allerlei Papieren. Sie war neunzehn Jahre alt.

Gelegentlich fuhr sie, wie sie sagte, nach Hause, um ihrem Vater den Bart zu rasieren, ein Mann, der sich im Anschluss an seine Karriere als Eigentümer einer Klinik – und Arzt – für das Bett entschieden hatte, wo er in dunklen Gedanken seine Tage verbrachte. Seine Gattin, schon seit Jahrzehnten eng befreundet mit den jeweils gängigen Psychopharmaka, hatte den Haushalt einer Emmi überlassen, die Nicole in Dankbarkeit verehrte, sichtbar an ihrem schwarzweißen Portrait der Amme, jede ihrer würdigen Lebensfalten niedergelegt auf Agfa Rekord Rapid im Format 50 mal 60 Zentimeter. Das dramatische Portrait mischte sich unter Nicoles Besitzstand

und wurde gelegentlich wiedergefunden wie ein ver-
schüttetes Monument.

So tauchte also Nicole ab ins Bergische Land,
um ihren Vater zu rasieren und ihre Amme zu verehren
und, nicht ganz unwichtig, von der Mutter einen Packen
Geld entgegenzunehmen, eine Summe, von der man nicht
sagen konnte, ob es viel oder wenig war. Blieb Nicole lange
bei uns, war es wenig, kam sie bald wieder »nach Haus«,
war es viel.

Miete, Strom und Einkäufe wurden geteilt, das
Telefon hatte einen Zähler und einen Protokollblock, auf
dem jeder seine Einheiten notieren musste. So ergab es sich,
dass nach Abzug des Gemeinsamen und Teilbaren meine
Mittel auf die Hälfte geschrumpft waren. In einem grie-
chischen Imbisslokal kam es so weit, dass wir uns zu dritt
zwei Gyrosstangen teilten, also letztlich hungrig blieben,
womit Nicole und Willi glaubten meine Not angemessen
gewürdigt zu haben. Aus dem Lautsprecher dröhnte: »Ich
bin der Asphaltcowboy von Dortmund-Aplerbeck / Hier
bin ich zu Haus / Ich will hier nie mehr weg.«

Es war nicht leicht, sich mit dem Ruhrgebiet
anzufreunden, dem Grünstich im grauen Himmel, den
gekachelten Fassaden, den Autobahnwurmfortsätzen, dem
Arbeiterkult. Wir hatten uns im Negerdorf niedergelassen, benannt nach den ungewaschenen Kumpels, die
die Dorstfelder Zeche bei Schichtende über einen inoffi-
ziellen Ausstieg verlassen hatten, weil sie an diesem Ende
wohnten.

Nun pendelten wir, von Unterdorstfeld nach
Oberdorstfeld, vom Negerdorf in die Schulfabrik, immer
zu dritt in Willis missgelauntem Saab oder Nicoles Kaffee-
tassenaudi. Der Rektor der Schule nannte sich Pan Hermann, ein sächsischer Vorkriegsbohemien, der den Krieg in

Holland verbracht und sich danach als klassischer Atelier-portraitist einen Namen gemacht hatte, wenn auch nur einen kleinen. Er unterhielt hundert Studenten blendend mit einem Gebräu aus Anekdote und Polemik. Ausladend und ordinär verteidigte er die Fotografie von 1950: Er konnte nichts anfangen mit dem deskriptiven Grau der amerikanischen Schule, in das wir uns verliebt hatten, mit den lauten Nikons, die wir um den Hals trugen. Wenn man überhaupt jenseits des Ateliers fotografierte, so Pan Hermann, dann flink und still wie ein Katze, schon fertig, wenn man bemerkt wurde, »Denken Sie an Cartier-Bresson und Ghandi«. Wir dachten an nichts so wenig wie an Cartier-Bresson.

Die dritte Professur hatte sich ein nikotinblonder, freundlicher Herr namens Volker Matern unter den Nagel gerissen, dem vorzügliche Kontakte zu Kodak nachgesagt wurden, und so sah seine Fotografie auch aus. Zurückgekehrt aus New York, führte er seine Bilder über einen Diaprojektor vor, sämtlich Straßenszenen, aufgenommen mit einem extremen Weitwinkel, wobei jeweils eine Hälfte die Spiegelung im Schaufenster zeigte und die andere Hälfte die gespiegelte Szene, gold- oder blaustichig, je nach Schaufenster und Beleuchtung, was Matern in aller Unschuld als »surrealen Effekt« bezeichnete.

Gemessen daran, dass Pan Hermann in einer westfälischen Großstadt ein Portraitatelier betrieb und die größte Wirkung Materns darin bestand, gelegentlich in der deutschen Kodakwerbung Verwendung zu finden, repräsentierte Nolte-Uhlig, aus Hamburg kommend, fast alles, was man mit Fotografie erreichen konnte, den »stern«, der ihn gefeuert, das »Zeit-Magazin«, das ihn aufgefangen hatte, und ein kommerzielles Studio, das er standesgemäß, aber ohne Namensschild im Bunker an der Feldstraße betrieb. Zuletzt, flüsterte mir Willi ein, habe er für einen christdemokratischen Wahlkampf sämtliche Bilder geliefert.

Nolte-Uhlig verlor kein Wort über das, wo er herkam oder was er tat, versuchte aber den Eindruck zu erwecken, er sei Türhüter sämtlicher relevanter Medien; selbst die nagelneuen Farbvergrößerer, die Kodak kostenlos zu installieren begann, durfte aus seiner Klasse nur benutzen, wer seine Gunst besaß.

Gern zeigte er sich mit sonor abgesenkter Stimme von der menschlichen Seite.

»Mein Vater arbeitet nicht mehr«, sagte ein Student, auf dessen Bild man einen Mann sah, der nicht mehr arbeitet.

»Bergmann«, raunte Nolte-Uhlig.

»Ja«, hauchte der Student

»Staublunge«, röhrte Nolte-Uhlig.

Um Nike im Badischen zu besuchen, musste ich auf die Autobahnraststätte Lichtendorf gelangen, eine verwegene Reise durch die Stadt Dortmund, mit der Straßenbahn, dann mit dem Bus, die letzten fünfhundert Meter zu Fuß, so dass ich auf dem Beifahrersitz irgendeines Autos durch das finstere Sauerland und das etwas offenere Siegerland getragen an Gießen vorbei meistens bei Frankfurt wieder wild in der Landschaft stand, glücklich über Farne, die am Straßenrand in die Höhe schossen, und die blau leuchtenden Autobahnschilder. Am Abend dann das Dorf im Kraichgau, wo die Häuser weiß und alle Dinge, ob man wollte oder nicht, an ihrem Platz waren. Umgekehrt kam Nike mit dem Zug, eine lange Reise den Rhein herunter, Mannheim, Koblenz, Köln, Düsseldorf, Duisburg; dann Essen, Bochum, Dortmund. Sie fürchtete sich am Bahnhof, weshalb ich zeitig erscheinen musste und wartend zu dem Schluss kam, dass an diesem Bahnhof nichts geschah; als sei die Uhr abgelaufen, ein müdes Treiben jenseits aller Erwartungen.

Dann aber kam Boris mit seinen Bahnsteig-fotografien, Liebende, die sich fanden, als wollten sie sich sogleich vermengen, oder die sich aneinanderklammerten wie von Pferden in unterschiedliche Richtungen gezogen; einige einzelne Figuren, die Stoffe der Mäntel in den schwarzweißen Bildern scharf gezeichnet wie textile Pro-ben: das Ganze bei Dunkelheit, Lichter und Figuren im Hintergrund wie Sterne und Kometen. Vielleicht hatte Pan Hermann doch recht mit schnell und heimlich.

Gelegentlich machten wir Pilgerfahrten zu Boris, der in Hörde unter dem Dach eine Dreizimmerwohnung hatte oder vielmehr betrieb, denn er musste drei Heiz-stellen in Gang halten, damit die Wohnung warm blieb. Man trat im mittleren Raum direkt ein, wobei sich auf der einen Seite die Küche, also die Dunkelkammer, und auf der anderen Seite eine Art Wohnzimmer anschloss, genug Platz für Willi, Nicole, mich und Boris selbst, des-sen Eigensinn im System der Abzugsrohre symbolisiert war, das massiv und silbern die Wohnung dominierte, von Boris selbst installiert.

Die Pracht, die er sich durch den immensen Platz gesichert hatte, war konterkariert durch die Karg-heit der Ausstattung, ein Eisenbett, zwei Regalböden mit literarischen Klassikern, die mit der 35er-Linse nach oben deutende Leica auf dem Teetisch und ein kleines Gemälde, das Boris mit einer Aluminiumklemmleuchte des New Yorker Typs, damals noch rar, angestrahlt hatte. Das Bild war gebaut aus grünlichen Bahnen wechselnder Inten-sität, ein vertikaler Vorhang, wäre da nicht die Spur eines Schattens gewesen, ein gehender Mann, wie Boris versicherte. Der Maler hatte mit dem gehenden Mann begonnen, ihn zunehmend verschleiert und sich schließlich von der Figur und überhaupt vom Gegenständlichen verabschiedet. Dies war das letzte seiner Bilder, auf dem das ursprüngliche Motiv noch zu erkennen war. Er hatte es Boris geschenkt; der Maler war sein Vater.

Er, Boris, hatte mit zwölf seine Mutter und mit zwanzig die meisten seiner Haare verloren, was seiner Erscheinung eine zeitlose Autorität verlieh, denn sein Kopf hatte alle Insignien der Klugen – den Hinterkopf, die wie getuschten Augenbrauen, anliegende Ohren. Er trug schwarze, orthopädische Schuhe. Boris hatte mit uns alle Geheimnisse der Technik geteilt, so dass sich Gespräche darüber erübrigten. Aber er wandte sie offensichtlich anders an, und er meinte auch etwas anderes. Er schlug ein großes Buch auf und zeigte uns ein Bild, das den Eindruck erweckte, ineinander verschlungene, geölte Torsi fielen dem Betrachter entgegen; im Vordergrund, zum Greifen nah, ein Kragen, in dem etwas Rundes saß, Auge oder Anus. Dabei war es nicht fraglich, was auf dem Bild wirklich zu sehen war: eine in der Dämmerung schimmernde Paprika. So sprachen wir über das, was Willi »die Bildlichkeit des Bildes« und Nicole eine »Metapher« nannte; Boris sprach geruhsam, und bevor wir gingen, hatte er gesagt: »Man müsste wissen, was hinter den Dingen ist.«

Ich weiß noch, wie ich im Hintersitz des Saabs diesen Satz wiederholte, wie ich versuchte, Willi und Nicole gegen Boris aufzubringen, und dabei sah ich die dunkelgrau gekörnten Häuser am Autofenster vorbeiziehen, die von Graffiti entstellten Bushaltestellen und Notrufsäulen der Polizei, die Oberleitungen der Straßenbahnen, die merkwürdige Dunkelheit in der Bahnunterführung, das Glitzern der Kessel in der Brauerei.

Willi fuhr nach Bremen, wo er mich am Hauptbahnhof absetzte. Ich nahm dann den Zug nach Hamburg und von dort nach Neumünster, wie eine Reise nach Lilliput, mit Endstation Familienhalbhaus in Einfeld. Dort, unter niedrigen Decken, portraitierte ich pflichtgemäß meine Eltern am Anfang des Semesters und kehrte am Ende zurück wegen des Polizisten.

Auf dem Rückweg sah ich zum ersten Mal das Haus der Hansens. Es verdankte seine Lage der Bremer Wallanlage, die im Plan betrachtet wellenförmig um die Altstadt gelegt ist, gefasst von einem Stadtgraben, der sich mit der Anlage schlängelt. Jenseits des Grabens hatte ein vornehmer Geist einige Jahrhunderte zuvor einen Weg eingezogen und Contrescarpe genannt, eine in akkuraten Bögen um die Windungen des Stadtgrabens gelegte Kopfsteinpflasterstraße, die auf der Grabenseite nicht bebaut werden durfte, so dass die Bürgerhäuser der Contrescarpe sich einen freien Blick ins Grüne bewahrten. Die Häuser mit ihren steinernen Treppen und weißen Fenstern strahlten in der Wintersonne, jeder Backstein wie ein Siegel der Gewissheit ausgestellt. Die Pracht der Fronten jedoch ließ kaum ahnen, was sich dahinter befand: eichengetäfelte Flure, Salons mit weißen Decken, riesige Gesindeküchen. Die Hansens besaßen zwei nebeneinanderliegende Häuser mit einem üppigen Garten, der Rasen selbst im Februar wie Teppichflor und jeder Busch auf Maß getrimmt.

Nach dem Tod des Vaters war die Firma, um die Steuer zu meiden, übergegangen auf Raoul und Willi. Raoul, Betriebswirt, war gänzlich ins Unternehmen hineingewachsen, er dachte in Ernten und Containern, Löschung und Terminen, und sein breiteres und unauffälliges Gesicht legte nahe, man habe die Namen verwechselt und er sei eigentlich ein Wilhelm und sein jüngerer Bruder ein Raoul.

Es war ein gewaltiger Haushalt mit raren Stil-möbeln, Landschaftsgemälden aus dem 19. Jahrhundert und brasilianischen Masken. Willi aber betrachtete das Treiben vor patinierten Kulissen mit einem schiefen Grinsen, führte es mir vor wie ein Kuriosum, etwas, in das er hineingeraten sei. Er zeigte seine Befremdung, in-dem er seine Rolle spielte, aber schlecht.

Wieder in Dorstfeld, nahm er sich feines Schmirgelpapier und schliff ein Selbstportrait, bis es aus-sah wie eine Ikone. Nicole hatte im Bergischen Land Bauernidyllen fotografiert, die sie vor meinen Augen far-big lasierte wie frühe Postkarten. Ich vergrößerte meine Polizeifotos und erkannte, dass die Bilder steif und ver-logen wirkten; der mir zugeteilte Straßenpolizist war ein Einfaltspinsel, der auf jedem Bild gleich aussah, wie eine Schaufensterpuppe. Nolte-Uhlig machte sich lustig über den Kleinbürger in Uniform mit Kanarienvogel, ließ aber die Aufgabe passieren.

Willi und Nicole zogen sich selten zurück und dann in Willis Zimmer, wo ein mehrminütiges, rasend schnelles Pochen oder Hämmern vom Vollzug kündete; eine Technik, die mir ein Geheimnis blieb. Sonst schienen sie kein Bedürfnis nach Zweisamkeit zu haben. Wir fingen an, auf Parteitagen Politikerportraits zu fotografieren, waren zugegen bei der Gründung der Grünen, bei der SPD in Essen und bei der CDU in Mannheim, als ich, mich umwendend, in Nicoles Augen Tränen sah. Schräg hinter ihr – die 180er-Linse frontal auf Kohl – Willi, der gerade dabei war, sie zu verlassen.

Bedauerlich war das, denn es hätte doch sein können, dass wir entweder herausgefunden hätten, wie man mit Fotografie Geld verdient, oder was hinter den Dingen ist, oder beides. Auch hatte Willi begonnen, meine chronischen Schulden durch Zuwendungen aus einer Familienkasse, Contrescarpe, zu begleichen. Boris war weitergezogen nach Bochum, um Philosophie zu studieren, und Willi nistete sich in Bremen ein, wo er sich auf die erste Liebe als die eigentliche Liebe besonnen hatte. Nicole und ich, wir betranken uns und gingen miteinander ins Bett, Bumsen nannten wir das, um auszudrücken, dass es nicht für die Erinnerung ist. Dann änderte sie ihren Namen, um Schauspielerin zu werden, und ich fuhr Willis Saab gegen eine Wand, was Willi nicht störte, er hatte schon einen neuen.

Inhalt

Bibliografische Information der Deutschen Nationalbibliothek

Die Deutsche Nationalbibliothek verzeichnet diese
Publikation in der Deutschen Nationalbibliografie; detaillierte
bibliografische Daten sind im Internet über
http://dnb.d-nb.de abrufbar.

© Wallstein Verlag, Göttingen 2007
www.wallstein-verlag.de
Vom Verlag gesetzt aus der Aldus Roman
Umschlaggestaltung: any.way, Günther / Hanke
Umschlagfoto: Ziegler / neuebildanstalt
Druck: Friedrich Pustet, Regensburg
ISBN 978-3-8353-0275-4

Ulf Erdmann Ziegler
Hamburger Hochbahn
Roman
330 S., geb., Schutzumschlag
ISBN 978-3-8353-0096-5

»Ich habe das Gefühl, zum ersten Mal seit langer Zeit
auf literarisches Gold gestoßen zu sein.«
(Durs Grünbein)

»Ein ebenso hinreissendes wie feinfühliges Buch.«
(Roman Bucheli, Neue Zürcher Zeitung)

»Das größte Verdienst des Autors ist es aber, daß er eine ästhetische
Kategorie wieder erfahrbar macht, die dem falschen Authentizi-
tätskult völlig entgegensteht: die der Eleganz. Vor allem in der
ersten Hälfte seines Romans umwirbt er den Leser geradezu mit
Sätzen, die Melodie und Rhythmus haben, mit gestochenen, zum
Lautsprechen verführenden, funkelnden Formulierungen.«
(Edgar Bracht, Lesart)

»Ulf Erdmann Ziegler ist einer der wenigen Schriftsteller, die
für die Erzeugung des inneren Luftzugs, der durch jedes Buch
geht, das man zu Ende liest, nicht auf filmische oder naturalisti-
sche Hilfsmittel und Muster zurückgreifen müssen. Allein seine
Sprach- und Beschreibungskunst trägt einen durch mehr als
300 Seiten. (…) Und erst im Rückblick merkt man, dass sich die
Lebensläufe, Gegenstände, Milieus und Figuren, von denen mit so
großer Kunst erzählt worden ist, zu lebendigen und unvergess-
lichen Eindrücken zusammengefügt haben und mit den eigenen,
plötzlich wiederaufgetauchten Erinnerungen an die bundes-
republikanischen Flegeljahre zusammengeflossen sind.«
(Stephan Wackwitz, die tageszeitung)

www.wallstein-verlag.de